Dario Fo
Hilfe, das Volk kommt!

Titel der Originalausgabe:
Mamma! I sanculotti!

RECLAMS UNIVERSAL-BIBLIOTHEK Nr. 9718
Alle Rechte vorbehalten
Lizenzausgabe 1998 für Reclam Universal-Bibliothek
mit Genehmigung des Verlages der Autoren, Frankfurt am Main
Copyright © 1993 Dario Fo
Copyright © der deutschsprachigen Ausgabe
Verlag der Autoren, Frankfurt am Main 1994
Gesamtherstellung: Reclam, Ditzingen. Printed in Germany 2006
RECLAM, UNIVERSAL-BIBLIOTHEK und
RECLAMS UNIVERSAL-BIBLIOTHEK sind eingetragene Marken
der Philipp Reclam jun. GmbH & Co., Stuttgart
ISBN-13: 978-3-15-009718-2
ISBN-10: 3-15-009718-5

www.reclam.de

Dario Fo

Hilfe das Volk kommt!

Aus dem Italienischen übersetzt
von Peter O. Chotjewitz

Mit einem vollständigen
Werkverzeichnis der
Compagnia Franca Rame / Dario Fo

Philipp Reclam jun. Stuttgart

Hilfe, das Volk kommt!

Personen

RICHTER

KOMMISSARIN

POLIZISTIN

ASSISTENT DES RICHTERS

ALICE, GELIEBTE DES RICHTERS

FINANZPOLIZIST

PROFESSOR

CHAUFFEUR DES PROFESSORS

DIE STIMMEN des Präfekten, des Questors,
der Sprecher von Radio und TV-Nach-
richten, des Staatspräsidenten

Vorspiel

*Ein Telefon an einer schmächtigen Säule, die zum Schluß
hochgezogen wird.*

RICHTER *nervös* Nein, Herr Präfekt, ich stehe an einem öf-
fentlichen Telefon. Ich traue keinem mehr.

DIE STIMME DES PRÄFEKTEN Nicht so hektisch, Herr Richter. Entspannen Sie sich!

RICHTER Entspannen! Sie möchte ich erleben, wenn Sie im
Auto eine Bombe unterm Hintern haben.

PRÄFEKT Das ist vermutlich mehr eine Metapher.

RICHTER Das ist keine Metapher. Aber Sie wissen natürlich
von nichts. Das ist die Effizienz unserer Sicherheitsdienste.

PRÄFEKT Mein Lieber! Seit wann haben Sie diese Bombe im
Auto?

RICHTER Höchstens eine Viertelstunde.

PRÄFEKT Ist sie schon explodiert?

RICHTER O, ja! Das Telefon ist himmelblau. Ich glaube, ich
bin im dritten Kreis der Glückseligen. Hören Sie die En-
gelszungen? *Er singt.*

PRÄFEKT Was reden Sie da?

RICHTER Meinen Sie, ich wäre so ruhig, wenn der weiße
FIAT Uno schon explodiert wäre?

PRÄFEKT Ah! Sie fahren einen weißen FIAT?

RICHTER Nein. Die Autobombe liegt in einem weißen
FIAT, der neben meinem Wagen steht.

PRÄFEKT Ach so.

RICHTER Alle Bomben in letzter Zeit haben in einem weißen Uno gelegen. Die FIAT muß schon Sonderschichten
fahren. Kennen Sie nicht den Slogan: »Ein Auto wie eine
Bombe!«

*Eine Dame stöckelt herbei und stellt sich aufdringlich neben
das Telefon.*

DAME *nach ein paar Sekunden* Verzeihung! Brauchen Sie noch lange?

RICHTER Ja, leider.

DAME Ich kann warten.

PRÄFEKT Herr Richter, sind Sie noch dran?

RICHTER Sofort, Herr Präfekt. *Zur Dame, verlegen.* Können Sie etwas da rübergehen? Das Gespräch ist vertraulich.

DAME Da schauen Sie mal. Sie setzen den Pippo ein!

RICHTER Was für einen Pippo?

DAME Die Feuerwerker da hinten. Um die Bombe zu entschärfen. Es ist ein Roboter.

RICHTER Ah, ja, ferngesteuert. Der war auch schon im Fernsehen.

DAME Genau. Als sie die Autobombe an der Piazza Colonna entschärft haben.

RICHTER Sie meinen in Rom.

PRÄFEKT In Rom? Noch eine Autobombe?

RICHTER Nein, nein. Die Dame hat mir nur den Pippo gezeigt.

PRÄFEKT Eine Dame zeigt Ihnen den Pippo?

RICHTER Da, jetzt kann ich ihn sehen!

PRÄFEKT Sprechen Sie aus Rom oder aus Mailand?

RICHTER Dazu kann ich nichts sagen, Herr Präfekt. Ich habe keine Lust geoutet zu werden.

PRÄFEKT Keine Panik, Herr Richter! Sie sprechen mit einem Polizeipräfekten, der sich in seinem Büro befindet.

RICHTER Eben deshalb. Kennen Sie nicht den Kinderreim? »Ene menemuh, die Mafia, die hört zu. Willst du ihr etwas erzählen, mußt du den Präfekten wählen.«

PRÄFEKT Ja, das kommt vor. Erzählen Sie mir lieber, was passiert. Funktioniert er, der Roboter?

DAME Jetzt schaun Sie nur, wie possierlich!

RICHTER Er bewegt sich soeben in Richtung FIAT Uno!

MEGAFONSTIMME An alle! Verlassen Sie den Platz! In Deckung!

Der Richter sucht Schutz hinter der kleinen Säule. Die Dame kuschelt sich an ihn.

DAME Gestatten Sie, daß ich bei Ihnen Schutz suche.

RICHTER Bitte. Aber nicht zu viel.

PRÄFEKT Was treiben Sie da! Wen wollen Sie schützen?

RICHTER Wir gehen in Deckung, Herr Präfekt.

PRÄFEKT Ah! Sie haben Ihre Leibwache dabei!

RICHTER Sie belieben zu scherzen. Ich bin der einzige Richter in Italien, der keine Leibwache hat.

DAME Sie sind Richter? Angenehm ... *Sie reicht ihm die Hand.* Da, das dürfen Sie nicht verpassen!

RICHTER Tatsächlich. Der Pippo richtet seine Kanone auf das Seitenfenster.

DAME *klammert sich an den Richter* Verzeihen Sie, wenn ich kneife, aber es ist so aufregend.

PRÄFEKT Von wem lassen Sie sich kneifen?

Ein lauter, scharfer Schuß. Der Richter und die Dame zucken heftig zusammen.

RICHTER Donnerwetter!

DAME Boah!

PRÄFEKT Was ist passiert?

RICHTER Der Pippo hat kehrt gemacht und auf den Sprengmeister geschossen. Aus zehn Metern Entfernung!

PRÄFEKT Hat er ihn erwischt?

RICHTER Ja, aber zum Glück trägt er eine schußsichere Weste. *Schuß.* Er schießt noch immer. *Schuß.* Alle flüchten. *Schuß.*

DAME Runter, runter.

RICHTER Jetzt schießt er auch in unsere Richtung. Der Pippo ist durchgedreht!

DAME Da, jetzt ist Ruhe.

RICHTER Vielleicht hat ihn jemand entschärft.

MEGAFONSTIMME Bleiben Sie, wo Sie sind, und rühren Sie sich nicht von der Stelle!

PRÄFEKT Hallo! Herr Richter! Sind Sie noch da?

RICHTER Ja, alles in Ordnung!

PRÄFEKT Es kommt mir absurd vor, daß Sie keine Leibwache haben.

RICHTER So ist es: Absurd!

PRÄFEKT Haben Sie einen regulären Antrag gestellt?

RICHTER Mehr als das. Selbst damals, als ich den Namen ändern wollte, mußte ich nicht so viel betteln.

PRÄFEKT Was hatten Sie für einen Namen?

RICHTER Felix Backe.

DAME Angenehm, Alberici. *Sie schütteln sich wieder die Hände.*

RICHTER Es war nur wegen meiner Frau. Sie heißt Poe, mit einem »e« hinten, wie der berühmte Dichter, aber das hört man nicht.

PRÄFEKT Wo ist das Problem?

RICHTER Ihr Vorname ist Rosa und sie wollte einen Doppelnamen.

Die Dame kichert.

PRÄFEKT Und wie heißen Sie jetzt?

RICHTER Ich wollte mich Faller nennen, nach meiner Mutter, Felix Faller, auch meiner Frau wäre das recht gewesen, Rosa Faller oder auch Rosa Poe Faller, aber durch einen Schreibfehler wurde das »r« weggelassen und aus dem zweiten »l« wurde ein »t«.

PRÄFEKT Ich verstehe ... *Die Dame kichert wieder.* Wer ist die Dame, die ich gehört habe?

RICHTER Die gleiche wie vorhin.

PRÄFEKT Die Ihnen den Pippo gezeigt hat?

RICHTER Ja, die.

PRÄFEKT Sie erlauben einer Zufallsbekanntschaft, unsere vertraulichen Gespräche mitzuhören?

DAME Ehi! Selber Zufallsbekanntschaft! Ich kenne Ihren Herrn Rosa Poe Falte gerade mal fünf Minuten.

RICHTER Würden Sie mich jetzt bitte telefonieren lassen? *Ins Telefon.* Herr Präfekt, soeben wird ein zweiter Pippo in Marsch gesetzt.

DAME Das ist kein Pippo, das ist ein Robocop! Ein Killer-Robot. Ih! Was für eine grimmige Miene! Ich muß die Augen zumachen. Erzählen Sie, was er macht.

RICHTER Schon gut, ich erzähle. Sie schließen die Augen und halten den Mund. Hallo, hallo?

PRÄFEKT Erzählen Sie!

RICHTER Der Robocop hebt die Waffe ... *Scharfer, lauter Schuß.*

DAME Er schießt! Er schießt auf den Pippo!

RICHTER Erwischt. Voll erwischt.

DAME Oh, Mann! Das war eine Hinrichtung!

RICHTER Nein, es war Selbstmord! Ich hab's genau gesehen!

DAME Es ist entsetzlich!

RICHTER Das war ein Hammer. Total zerfetzt, der Pippo! Der Robocop feuert jetzt auf den FIAT Uno. *Schuß.* Das Seitenfenster fliegt in Stücke. Der Sprengmeister nähert sich vorsichtig dem Fahrzeug, beugt sich ins Auto ... und ... entschärft! Das Publikum hinter den Absperrungen klatscht Beifall. Nur ein paar Kinder trauern noch über den toten Pippo! Werbung ... Ich meine: Zurück ins Studio.

DAME Hurra! Mein Gott, bin ich aufgeregt! *Sie küßt den Richter.* Wir sind gerettet. *Küßt ihn abermals.*

PRÄFEKT Meinen Glückwunsch. Ich bin jedenfalls sehr besorgt, daß Sie keine Leibwache haben.

RICHTER Bitte, Sie machen sich Sorgen, und derweil laufe ich unbeschützt herum, wie ein Suppenhuhn! Ich habe mich sogar schon an den Herrn Questor gewandt. Und wissen Sie, was er mir geantwortet hat? Daß vielleicht ein paar Leibwächter frei werden.

DAME Ja, das habe ich auch schon gelesen. Es gibt einen Erlaß, daß ehemalige Minister und Parteisekretäre, gegen die ermittelt wird, die Leibwache abgeben müßten, bis zu fünfzehn Mann pro Objekt plus drei gepanzerte Limousinen.

RICHTER Ich will das Auto von Cossiga. Das hält sogar Flugabwehrraketen aus.

DAME Das kriegen Sie nicht. Erst wollte er keine Eskorte mehr, weil er nicht mehr Staatspräsident sein darf, und jetzt will er sie zurückhaben. Sonst packt er aus und erzählt alles über die geheimen Ausbildungslager der Organisation Gladio, den Flugzeugabsturz über Ustica und den Untergang der »Nautilus«.

RICHTER Hören Sie, Captain Nemo, jetzt, da die Gefahr vorüber ist, würden Sie mich endlich in Ruhe telefonieren lassen? Suchen Sie sich ein anderes Telefon.

DAME Gewiß doch. Danke, daß Sie mich beschützt haben! *Sie küßt ihn auf die Wange.* Es war schön, Sie kennenzulernen.

RICHTER Danke, ganz meinerseits.

DAME *im Weggehen* Grüßen Sie den Herrn Präfekt. Ein Küßchen auch für ihn.

RICHTER Wie Sie wünschen ... *Er küßt in die Telefonmuschel, bemerkt den Lapsus und schnaubt ärgerlich.*

DAME Was für ein schöner Tag! *Sie stolziert hinaus.*

RICHTER *ins Telefon* Hallo, hallo! Jetzt ist die Leitung zusammengebrochen. *Er legt den Hörer auf. Die Säule mit dem Telefon wird hochgezogen und verschwindet. Er schaut ihr ungläubig nach.* Jetzt verschwinden in Mailand sogar schon die Telefone! *Er schaut zur Seite und erschrickt.* Aber ... das ist ja ... schon wieder ein Pippo! Was will der von mir? ... Er muß den Feuerwerkern weggelaufen sein! *Von links nähert sich blinkend und fauchend ein kleiner, vierrädriger Panzer mit einer kurzen Kanone.* Sei brav Fiffi! Guter Hund! Geh wieder zu deinem Herrchen! *Mehrere kurze, harte Schüsse. Der Richter läuft im Zickzack über die Bühne und verschwindet in der Kulisse.* Hiiilfeeeee!

Scharfe Musik. Der Zwischenvorhang wird hochgezogen und zeigt das Bild zum ersten Akt. Ohne Verzögerung weiter.

Erster Akt

Ein bürgerlicher Wohnraum. Rechts und links auf der Vorderbühne wandhohe Fenster. Hinten links ein Abgang, Tür in der Rückfront. Es ist Abend, und der Raum ist zunächst kaum erleuchtet. In einem Sessel hat es sich die Dame aus dem Vorspiel bequem gemacht, jetzt in der Rolle einer Kommissarin der Polizei. Der Richter betritt den Raum durch die rückwärtige Tür. Er hält eine Flasche in der Hand und stellt sie in einen Sektkühler.

KOMMISSARIN Guten Abend, Herr Richter.

RICHTER *erschrickt* Wer ist da? Sie schon wieder? Wie sind Sie reingekommen?

KOMMISSARIN Sie sollten das Schloß auswechseln lassen, Herr Richter. Ein Druck mit der Nagelfeile ... schon war ich drin.

RICHTER Wer sind Sie? Wollten Sie etwas stehlen?

KOMMISSARIN Ja, aber nur Ihr Herz. Ich liebe Sie, seit ich Sie zum ersten Mal sah.

RICHTER Soll das ein Scherz sein? Eine flüchtige Begegnung am Telefon reicht Ihnen, um den Kopf zu verlieren?

KOMMISSARIN Ich bewundere Sie seit langem! Ihre Fernsehauftritte, die Pressekonferenzen ... Sie sind ein wundervoller Mann.

RICHTER Ich bin geschmeichelt.

KOMMISSARIN Was Sie für Italien getan haben, all die Verhaftungen, die Anklagen, ist nicht mit Geld zu bezahlen!

RICHTER Gute Frau, was Sie sagen, stimmt nicht. Die Wohnungstür läßt sich nicht mit einer Nagelfeile öffnen ... außerdem war die Alarmanlage eingeschaltet. Wie sind Sie hereingekommen? Antworten Sie, oder ich rufe die Polizei. *Er geht zum Telefon und beginnt zu wählen.*

KOMMISSARIN Sie brauchen mich nicht zu rufen. Ich bin schon da.

RICHTER Wie bitte?

KOMMISSARIN Ich bin die Polizei! Oder ein kleiner Teil von ihr.

RICHTER Warum haben Sie sich dann nicht vorgestellt? Und was soll die Komödie, Sie wären verliebt?

KOMMISSARIN Ein kleiner Charaktertest. Ich wollte nur feststellen, ob Sie verführbar sind ... Sie gestatten: Angela Alberici, Polizeikommissarin.

RICHTER Sie sind Kommissarin?

KOMMISSARIN Zu Ihrer totalen Verfügung. *Sie überreicht ihm ein Blatt Papier.*

RICHTER Wie meinen Sie das?

KOMMISSARIN Sie haben eine Leibwache beantragt, ist das richtig?

RICHTER Ja, und?

KOMMISSARIN Sie ist Ihnen bewilligt worden. *Sie reicht ihm ein weiteres Papier.* Ich bin Ihre Leibwache, oder besser, ich befehlige sie. Wir sind insgesamt fünf, mich eingeschlossen. *Sie reicht ihm noch ein Papier.*

RICHTER Eine weibliche Leibgarde?

KOMMISSARIN Ja, weiblich, aber mit Staatsexamen und Polizeiakademie. Ganz zu schweigen von der Berufserfahrung. Ich persönlich habe diverse amerikanische Botschafter in Italien bewacht, aber auch einen italienischen Botschafter in Amerika. Leider wurde ich sofort verhaftet und ausgewiesen. Danach habe ich drei Jahre als Gegen-Eskorte beim militärischen Abschirmdienst in Kalabrien gedient.

RICHTER Als Gegen-Eskorte?

KOMMISSARIN Ja, als Eskorte war schon die Mafia tätig. *Sie reißt ihm die Papiere aus der Hand.* Entscheiden Sie sich. Entweder eine weibliche Leibwache oder überhaupt keine. *Sie geht zum Fernseher. Den Bildschirm nicht ins Publikum richten und ohne Ton!*

RICHTER *allein auf der Vorderbühne ins Publikum* Hoffentlich weiß der Präfekt, was er mir da antut. Ich bitte um Schutz, und er schickt mir eine Gesellschaftsdame. *Zur Kommissarin.* Was machen Sie da? Wollen Sie die vierhundertfünfzigste Folge von »Denver-Clan« sehen? Die, wo Ridge seine Schwester heiratet, weil ihr Vater sie geschwängert hat?

KOMMISSARIN *schaltet den TV wieder aus* Die übliche, männliche Arroganz. Wie ich schon sagte, Sie müssen mich nicht akzeptieren.

RICHTER Wie liebenswürdig. Darf ich fragen, wo Sie die Pistole tragen?

KOMMISSARIN Das ist meine Sache.

RICHTER Und die schußsichere Weste? Tragen Sie keine?

KOMMISSARIN Das bringt nicht viel. Ich bevorzuge einen Bustier aus Feinstahlfasern.

RICHTER Entzückend. Wo ist der Rest Ihrer Truppe?

KOMMISSARIN Unten.

RICHTER Beim Friseur nehme ich an.

KOMMISSARIN Beruhigen Sie sich. Außer mir sind nur zwei Frauen dabei, einschließlich des üblichen Transvestiten.

Eine junge Frau im Disco-Kleid tritt ein.

POLIZISTIN Da bin ich. Guten Tag, Herr Richter.

Der Richter starrt sie an.

KOMMISSARIN Das ist nicht der Transvestit ...

RICHTER Wie sind Sie reingekommen? Haben Sie auch eine Nagelfeile?

POLIZISTIN *hebt den kleinen Finger* Mit dem Fingernagel.

RICHTER Das fängt ja gut an.

Die Polizistinnen öffnen Schubladen und Schränke und durchwühlen sie.

KOMMISSARIN Keine Bange, Herr Richter. Sie können uns jederzeit wegschicken.

RICHTER Sie haben offensichtlich auch einen Durchsuchungsbefehl. Möchten Sie mich vielleicht abtasten? *Die*

Polizistinnen lassen sich nicht stören. Er resigniert. Entschuldigen Sie, ich bin ein bißchen durcheinander. Bitte nehmen Sie Platz. Ein Gläschen Champagner gefällig?

KOMMISSARIN Nein danke.

POLIZISTIN Wir sind im Dienst!

KOMMISSARIN Sie brauchen sich nicht zu entschuldigen. Man hat nicht jeden Tag eine Bombe im Auto.

RICHTER Woher wissen Sie, daß die Bombe für mich bestimmt war?

KOMMISSARIN Wir selber haben den Alarm ausgelöst.

RICHTER Dann haben Sie auch die Feuerwerker geholt, mit diesem Pippo? Der blöde Hund!

KOMMISSARIN Was hat er Ihnen getan?

RICHTER Kaum waren Sie weg, hat er versucht, mich zu beißen. Um ein Haar hätte er mich erwischt.

KOMMISSARIN Ich weiß, ich weiß. Er war auf Sie programmiert.

RICHTER Programmiert?

KOMMISSARIN Jeder Pippo hat einen kleinen Computer im Gehirn mit einem Lesegerät und einer Tastatur. Man drückt auf Input, nimmt ein Foto der Person, die man eliminieren will, Sie zum Beispiel ... eine Kassette mit Ihrer Stimme ...

RICHTER Wer macht den Input?

KOMMISSARIN Derjenige, der den Pippo steuert ...

RICHTER Polizei?

KOMMISSARIN Möglich.

RICHTER Aber welche ...

KOMMISSARIN Schwer zu sagen. Diese Pippos werden inzwischen sogar im Vatikan eingesetzt, um den Papst zu beschützen.

RICHTER Bestimmt ein Schweizer.

KOMMISSARIN In Ihrem Fall handelt es sich eher um eine Mafia-Familie, die einen entgleisten Geheimdienst unterwandert hat ... oder einen Geheimdienst, der eine entgleiste Mafia-Familie unterwandert. Nach Belieben.

RICHTER Jedenfalls habe ich demnächst nicht nur die mafio-
sen Pippos auf dem Hals, sondern auch die entgleisten
Fotografen. Wenn die hören, daß die Autobombe für
mich bestimmt war, fallen sie über mich her. Mit Zoom
und eingebauter Panzerfaust.

KOMMISSARIN Keine Sorge, die lenken wir ab. Ich habe das
Gerücht ausgestreut, die Bombe wäre für eine Arbeiter-
Demonstration bestimmt gewesen. Gegen Massenentlas-
sungen und Ausländerhaß.

RICHTER Aber es sollte wirklich eine Demonstration statt-
finden!

POLIZISTIN Die Kollegen haben sie vorne auf dem Platz
umgeleitet.

RICHTER Das habe ich gesehen. Eine Bombe wäre gnädiger
gewesen.

POLIZISTIN Außerdem steht an Ihrer Klingel, Sie wären
Tierarzt.

KOMMISSARIN Ja, richtig. Wie das?

RICHTER Tierarzt ist mein erster Beruf, meine große Pas-
sion. Aber leider sind in meiner Familie fast nur Juristen,
denen meine Arbeit sehr peinlich war. Alles Richter, Staats-
anwälte und Advokaten. Deshalb habe ich zwei Berufe.

KOMMISSARIN Dürfen Sie das denn, als Richter?

RICHTER Das machen fast alle. Curto, Richter Curto
schreibt Romane und bringt persönlich seine Schmiergelder in die Schweiz. Drei Berufe! Richter Carnevale war
am Kassationsgericht, hat fast alle Urteile gegen die Mafia
kassiert, hat die Antimafia-Kommission echauffiert und
von der Schiffahrtsgesellschaft Lauro profitiert, als sie in
Konkurs ging. Vier Berufe!

KOMMISSARIN Und Sie amüsieren sich mit Ihren Viechern.
Deshalb halten Sie so viele Tiere!

RICHTER Im Abstellraum haben Sie auch schon geschnüf-
felt?

KOMMISSARIN Ich hörte es bellen. *Man hört Hundegebell.*
Da, wieder. Ich glaube, sie haben Hunger.

RICHTER Blödsinn! Mein Assistent hat sie gerade gefüttert.

KOMMISSARIN Offenbar nicht. Sie beklagen sich auch, sie hätten nichts zu trinken.

RICHTER Woher wissen Sie das?

KOMMISSARIN Ich verstehe ihre Sprache.

RICHTER Sind Sie Sheena, die Königin des Dschungels?

KOMMISSARIN Nein, ich bin Wonder Woman.

RICHTER Dann sollte ich Sie in den Hundezwinger einsperren.

Richter ab. Das Mobifon der Kommissarin trillert. Sie meldet sich.

KOMMISSARIN Ja, bitte? Welcher Assistent? Was hat er? Kann raufkommen.

RICHTER *kommt zurück* Sie hatten Recht. Mein Assistent hat die Tiere immer noch nicht gefüttert.

KOMMISSARIN Eben kommt er. Ich bin gerade angerufen worden. Er hat eine Kiste mit Kostümen dabei. Wollen Sie ein Fest feiern?

RICHTER Ja, übermorgen findet im Zoo ein Kinderfest statt, an dem ich mit meinem Team teilnehmen werde.

KOMMISSARIN Wie reizend. Wollen Sie vor den Tieren auftreten oder vor den Kindern?

RICHTER Nein, nein, die Tiere interessieren sich nicht für Tiere.

Er geht zum Fenster und will es öffnen. Die Kommissarin und die Polizistin stürzen sich auf ihn und zerren ihn beiseite.

KOMMISSARIN Halt!

POLIZISTIN Gehen Sie weg da!

RICHTER Ehi! Was soll das?

KOMMISSARIN Sind Sie verrückt geworden? Sie stehen direkt im Visier der Heckenschützen!

RICHTER Dummes Zeug! Wo sind denn da Heckenschützen?

KOMMISSARIN An drei Stellen mindestens. Auf der Terrasse gegenüber, hinter den Fenstern im dritten Stock, das ist ein leerstehendes Büro ...

POLIZISTIN Oder auf dem Baugerüst dort drüben ...

RICHTER Außerdem geht es Sie gar nichts an, ob ich auf mich schießen lasse!

KOMMISSARIN Das geht uns was an. Wir sind Ihre Leibwache.

RICHTER Statt mich herumzuschieben, sollten Sie lieber jemand rüberschicken, der die Heckenschützen ausräuchert.

KOMMISSARIN Ich bin schon dabei.

Sie klappt ihr Mobifon auf. Von rechts kommt eine Rakete herein. Sie gleitet mehr als sie fliegt, hüpft wie ein Ball und bleibt qualmend unterm Tisch liegen.

RICHTER Was ist das?

KOMMISSARIN Eine Rakete!

POLIZISTIN Hilfe!

Sie gehen hinter den Möbeln in Deckung. Die Rakete explodiert mit leichtem Knall. Weißer Nebel breitet sich aus und strömt ins Parkett.

RICHTER *hebt die Kommissarin auf und geleitet sie zum Sofa* Kommen Sie. Ich glaube, Sie brauchen auch eine Leibwache. *Er beugt sich über die Kommissarin und küßt sie innig.*

POLIZISTIN Was machen Sie da?

RICHTER Mundzumundbeatmung. Sie kriegt keine Luft.

KOMMISSARIN *stößt ihn fort und setzt sich* Was erlauben Sie sich? Das können Sie mit Ihren Schimpansen machen!

RICHTER Da. Man rettet einer Frau das Leben, und schon ist man ein Unhold!

Alle drei nehmen etwas zum Fächeln und vertreiben den Qualm.

KOMMISSARIN *ins Publikum* Ich weiß nicht, was unser Inspizient da wieder gemacht hat. Das sind so seine Späße.

RICHTER *ins Publikum* Tief durchatmen. Dann ist die Luft schneller sauber.

POLIZISTIN Ich mach das Fenster auf.

RICHTER Endlich. Bei euch muß erst eine Rauchbombe explodieren, bevor ihr ein bißchen lüftet.

Es klingelt an der Wohnungstür.

RICHTER Das wird mein Assistent mit dem Hundefutter sein.

Er öffnet die Tür und läßt einen Mann herein, der einen Eimer schleppt und einen großen Pappkarton hinter sich herzieht.

RICHTER Endlich! *Er nimmt ihm den randvollen Eimer ab und wendet sich an die Polizistinnen.* Da, überzeugen Sie sich. Nur frische Ware! *Zum Assistenten.* Sind das die Kostüme?

ASSISTENT Nein, Herr Richter, da ist noch ein Karton. Der hier ist vom Restaurator. *Er verschwindet kurz und bringt noch einen Karton.*

RICHTER *hebt den Pappkarton hoch. Ein großer Buddha in der klassischen Haltung kommt zum Vorschein* O, mein Buddha! Endlich daheim! Ist er nicht wunderbar!?

Der Richter und der Assistent gehen mit dem Hundefutter nach hinten links ab. Die Polizistinnen umschleichen den Buddha.

POLIZISTIN Ich finde ihn irgendwie zum Fürchten.

KOMMISSARIN Mich erinnert er an ein riesiges Eisbein. Reich mal die Kiste mit den Kostümen.

Nach und nach stülpen sie sich verschiedene Masken über: Stier, Löwe, Katze. Dabei unterhalten sie sich, ohne ihre wechselnden Masken zu kommentieren.

POLIZISTIN Irre ich mich, oder ist unser Richter nicht ganz richtig im Kopf? Stimmt es, daß er Tiere operiert?

KOMMISSARIN O ja, er ist eine Korifere. Er operiert sogar im Ausland.

POLIZISTIN Ja richtig! Im Fernsehen haben sie mal gezeigt, wie er mit einem Privatjet abgeholt wurde.

KOMMISSARIN Er ist der Doktor Barnard der Tierwelt. Er hat einem Dackel die Niere eines Pavians eingepflanzt und dem Gesundheitsminister das Herz eines Straßenköters! Eh, pardon! Dem Dobermann des Gesundheitsministers!

POLIZISTIN Wollen Sie mir einen Bären aufbinden?

KOMMISSARIN Ich schwöre es! Da hinten in seiner Praxis hat er große Gefriertruhen mit allen Arten von Organen, fix und fertig zum Einpflanzen. Lungen, Leber, Herzen. Er hat auch ein paar Mohrenköpfe daliegen, aber iß sie bloß nicht. Es sind Schimpanseneier.

Der Richter und der Assistent kehren zurück.

RICHTER Komm, hilf mir.

ASSISTENT Sehr wohl, Herr Richter.

RICHTER Die Schachtel mit den Kostümen kommt in die Ecke. Den Buddha stellen wir auf die Kommode. *Zur Kommissarin.* Wissen Sie, was mich beunruhigt? Daß sich alle so viel Mühe geben, mich umzubringen. Ich leite eine völlig banale gerichtliche Untersuchung über Schmiergelder und Betrügereien.

KOMMISSARIN Nun fallen Sie mal nicht aus allen Wolken. Sie könnten sich wehtun. Wissen Sie wirklich nicht, daß die Manager der chemisch-pharmazeutischen Industrie, die Sie festgenagelt haben, die Milliarden der Mafia verwalten, rezeikeln und mit dem Profit die politischen Parteien finanzieren?

RICHTER O, ich dachte, meine Ermittlungen wären geheim. Sie glauben also, daß ein Apotheker darum gebeten hat, mich mit einer Atombombe in die Luft zu jagen?

KOMMISSARIN Gut möglich.

RICHTER Das schockiert mich jetzt wirklich.

KOMMISSARIN Was schockiert Sie?

RICHTER Die Vorstellung, von einem Apotheker ermordet zu werden.

KOMMISSARIN Wieso?

RICHTER Wußten Sie, daß in den Apokryphen berichtet wird, Judas war Apotheker? *Er schaut nachdenklich aus dem Fenster.*

KOMMISSARIN Interessant . . .

RICHTER *mehr für sich* Ich frage mich, warum unsere Geheimdienste noch immer gedeckt werden. Warum löst man sie nicht einfach auf? Pfft, weg damit!

KOMMISSARIN Das geht nicht.

RICHTER Warum nicht. Der Gesetzgeber . . .

KOMMISSARIN Ich bitte Sie! Die Mafia würde es niemals alleine schaffen, alle diese Bomben zu legen!

POLIZISTIN Sie stehen schon wieder am Fenster.

RICHTER Jawohl, und da bleibe ich auch! Ich habe keine Angst, erschossen zu werden!

KOMMISSARIN Dann will ich Ihnen was sagen. Meines Erachtens haben Ihre selbstzerstörerischen Neigungen nur den Sinn, wegen Verantwortungslosigkeit vom Dienst suspendiert zu werden. Sie haben die Hosen voll!

RICHTER *nimmt die Sektflasche und öffnet sie* Sie irren sich! Ich denke nicht daran, dieses Strafverfahren abzugeben!

Der Korken fliegt heraus, es gibt einen Knall, aus dem Stereo kommt laute Rockmusik. Die Polizistinnen gehen abermals in Deckung.

KOMMISSARIN Runter, runter!

POLIZISTIN In Deckung.

Der Richter geht seelenruhig zum Stereo, schaltet es aus und hebt den Korken hoch.

RICHTER Da! Der Korken hat den Stereo getroffen und eingeschaltet. So ein Zufall. *Er schenkt sich ein.* Sie sind
ziemlich fertig mit den Nerven, oder? Aber ich bin der
Hosenscheißer.

*Der Richter setzt das Glas an. Die Kommissarin bewirft ihn
mit einem Kissen. Das Glas fällt zu Boden.*

KOMMISSARIN Nicht trinken!

RICHTER He! Was soll das? Gut ja, ich hätte Ihnen ein
Gläschen anbieten können, aber Sie waren gerade in Dek-
kung.

KOMMISSARIN Woher haben Sie die Flasche?

RICHTER Eine Verehrerin. Jemand hat sie unten beim Por-
tier abgegeben. Mit dieser Glückwunschkarte. *Er liest
vor.* Weiter so, Herr Richter! Keine Angst vor Bomben!
Auf Ihre Gesundheit!

KOMMISSARIN *betrachtet den Aufkleber* Die Firma ist natürlich nicht lesbar.

RICHTER Denken Sie vielleicht, der Champagner wäre vergiftet? Die Flasche war zu. Sie haben den Knall doch gehört.

KOMMISSARIN Auf die Idee, das Zyankali mit einer einfa-
chen Injektionsnadel durch den Korken zu spritzen,
kommen Sie wohl nicht?

RICHTER Dann könnte man mir auch einen Schuß in die
Milch oder den Käse geben. Die Äpfel werden sowieso
schon gespritzt, und die Tomaten haben auch immer
Druckstellen. Ich bevorzuge meinen Champagner. Ihr
Wohl! *Er schenkt ein.*

KOMMISSARIN *nimmt ihm das Glas aus der Hand* Nicht, so
lange ich hier bin.

RICHTER Das ist eine unerhörte ...

KOMMISSARIN Erst unterschreiben Sie mir, daß Sie uns als
Leibwache ablehnen. *Zu ihrer Kollegin.* Du paßt auf, daß
er den Wisch unterschreibt. Ich mache derweil einen kleinen Test. *Sie öffnet ein Köfferchen, in dem Reagenzgläser
stehen.*

RICHTER Ah, »Der kleine Detektiv«! Wo kriegt man das?

POLIZISTIN *schiebt ihm ein Papier hin* Hier bitte!

KOMMISSARIN In der Lebensmittelabteilung vom Standa, gratis, wenn Sie für hundert Mark einkaufen. Darf ich mal Ihr Glas haben? *Sie gibt etwas Pulver hinein. Der Champagner schäumt heftig, Dampf steigt auf.* Haben Sie gesehen?

RICHTER Blau, völlig blau. Heißt das, da war Zyanid drin?

KOMMISSARIN Nein, dann wäre Ihr Sekt jetzt orange-gelb.

RICHTER Aha!

KOMMISSARIN Blau bedeutet Curare.

RICHTER Sehr gut. Sind Sie sicher?

KOMMISSARIN *reicht ihm eine Tabelle* Schauen Sie selbst.

RICHTER *liest, für sich* Die denken an alles: Waldpilze, Diätbier, holländische Tomaten, Kardinalspeichel ...

KOMMISSARIN Wir können dann gehen. Trinken Sie Ihren Champagner! Hat er unterschrieben?

POLIZISTIN Ja, ja, alles in Ordnung.

KOMMISSARIN Na dann, wie unser Alt-Ministerpräsident Craxi zu sagen pflegt: Wir wollen nicht länger stören!

RICHTER Wenn Sie sich auf die Art verabschieden, haben Sie mindestens mein Familiensilber abgestaubt!

KOMMISSARIN Das ist hart! Adé!

Die Polizistinnen gehen. Der Richter läuft ihnen nach und holt sie zurück.

RICHTER Nein, bleiben Sie! Ich muß mich bei Ihnen entschuldigen.

KOMMISSARIN Aber nein.

RICHTER Aber doch. Ich habe mich wie ein Dummkopf benommen. Arrogant und kindisch.

KOMMISSARIN Aber nicht doch.

RICHTER Doch, doch! Wenn Sie nicht wären, hätte ich den Champagner getrunken und wäre jetzt voller Schleim, Furunkel und Warzen. Ich bin ein Chauvinist!

KOMMISSARIN Aber nein.

RICHTER *weinerlich* Ich bin ein Idiot, ein Kotzbrocken.

KOMMISSARIN Nein, nein.

RICHTER Doch, das bin ich!

KOMMISSARIN Also gut, wenn Sie darauf bestehen!

POLIZISTIN und KOMMISSARIN Sie sind ein Arschloch!

Der Buddha schüttelt heftig den Kopf, so daß sein Zöpfchen fliegt.

RICHTER O, Gott! Das darf nicht wahr sein.

KOMMISSARIN Was ist jetzt noch?

RICHTER Der Buddha! Er bewegt sich!

KOMMISSARIN Er hat sich nicht von der Stelle gerührt.

RICHTER Doch, er hat mit dem Kopf gewackelt!

POLIZISTIN *zu ihrer Kollegin* Ich glaube, er hat Halluzinationen.

RICHTER Ah, jetzt begreife ich! Man will mich verrückt machen! *Schreiend.* Sperrt mich ein, bringt mich in meine Zelle!

KOMMISSARIN Also, Sie sind wirklich ein Kindskopf.

RICHTER Schlimmer als das. Ich bin ein lebendes Fossil des Mesozoikums, das letzte Exemplar einer ausgestorbenen Rasse mit der fixen Idee von moralischer Gerechtigkeit und absoluter Integrität ... eine Art Dinosaurier. *Er stülpt sich eine Dino-Maske über.*

KOMMISSARIN Die Saurier haben viel Erfolg momentan.

RICHTER Kein Wunder. Sie wogen dreißig Tonnen, waren vierzehn Meter lang und schissen Dreizentner-Haufen, die so groß waren wie die Mega-Kacke, in der ich zu versinken drohe ... ohne daß mir jemand eine Träne nachweint.

KOMMISSARIN Aber nicht doch. Ihr Kampf ist von hohem moralischem Ethos. Sie haben Feinde, gewiß, aber die große Mehrheit unterstützt Sie und spendet Ihnen Beifall.

RICHTER Ja, wir Richter sind die rächenden Engel geworden ... die Retter des Vaterlands. Aber unsere lieben Mitbürger, klein und groß, die uns heute lauthals feiern, uns mit Inschriften auf allen Mauern Mut machen und die Politikerklasse anpöbeln: Ihr Gauner! Ins Gefängnis mit euch! Wo waren sie vor zehn, zwanzig, dreißig Jahren? Die Politiker waren damals schon Gauner und Bombenattentate gab es zur Genüge ... mehr als heute. Aber sie schlugen das Kreuz über den Särgen, die im Dom aufgereiht waren, und ... schwiegen. Weil sie schlecht informiert waren und nichts wußten? Nein, weil ihnen die Bomben gut in den Kram paßten! Um die Arbeiter- und Studentenbewegung aufzuhalten! Und ich soll für diese Hurensöhne den Kopf hinhalten? Mich abmurksen lassen für ein Heer kleiner, mittlerer und großer Betrüger und Weltmeister in der Kunst, sich zu arrangieren und auf Kosten der Allgemeinheit zu bereichern? Nä!

POLIZISTIN Von wem sprechen Sie?

RICHTER Sie wollen ein Beispiel? Stellen Sie sich vor, die Kaiserstraße in Rom, Nationalfeiertag, doch statt der üblichen berittenen Carabinieri zu Pferde, der Bersaglieri im Laufschritt mit wehenden Federn am Hut, erleben wir eine Parade, die aus falschen Kriegs- und Zivilinvaliden besteht. Wissen Sie, wieviele es davon gibt in Italien? Etwa dreihunderttausend. Wir sehen einige zehntausend falsche Lahme, die an den Repräsentanten des Staates vorbeiziehen ... humpelnd, aber im Rhythmus der Militärkapelle ... *Kleine Pantomime: Er zeigt, wie die falschen Lahmen und Blinden marschieren.* Ihr Brüder Italiens, verschlagen, verfressen ...! Als nächstes: Fünfzigtausend falsche Blinde, mit Blindenhunden auf Krankenschein ... Natürlich sind auch die Blindenhunde falsch. Es sind Jagdhunde und Trüffelschweine. Applaus und ein dreifaches Hipphipphurra für zwanzigtausend Gehörlose, fünfzehntausend Taubstumme ... Statt der Panzerspähwagen und der leichten Artillerie der Schutzpolizei sehen wir einige Millionen überzählige Beamte: Nutznießer des Ämterschachers, der Wahlfälschungen und der Vetternwirtschaft! So ziehen sie vorbei auf ihren

fahrbaren Schreibtischen voller Plunder: Stempel und
Stempelkissen, Telefone und Kaffeetassen, geschmuggel-
te Zigaretten stangenweise und Lottoscheine. Achtung!
Der Staatspräsient erhebt sich und hält eine Rede ...
Bitte aufstehen, der Staatspräsident: »Liebe Landsleute!
Schreibtische und Mülltonnen sind der Stolz und das
Wahrzeichen unseres Landes! Unser Motto soll lauten:
überleben ist alles! Nach uns die Sintflut!«

KOMMISSARIN Das ist mir zu polemisch.

RICHTER Mag sein. Aber die Fakten ...

KOMMISSARIN Ach was! Die Fakten sind nichts als Fakten!

RICHTER Sie haben recht, ich bin irrational. *Er holt sich eine
Flasche Brandy und schenkt sich tüchtig ein. Zu sich selber.* Auch meine Frau hat mich verlassen. Mein ständiges
Gejammer ... »sie haben mich reingelegt, es ist alles so
sinnlos ...« *Zum Buddha.* Und du, hör auf mich anzu-
glotzen, dämlicher Buddha! Was willst du von mir?

KOMMISSARIN Mit wem reden Sie? Wer hat Sie sitzen gelas-
sen?

RICHTER Er ... nein, sie. Ich meine, meine Frau. Von einem
Tag auf den anderen. Sie hielt es nicht mehr aus mit mir
und meinen Viechern. Einmal hat eines der Pavian-Weib-
chen ihr Lieblingskleid angezogen, das mit den Pailletten.
Sie dachte, ich hätte es der Äffin zum Geburtstag ge-
schenkt. Erst hat sie mir eine Vase an den Kopf geworfen,
dann hat sie meinen Buddha in tausend Stücke zertrüm-
mert ... *Jammernd.* Ich bin so verzweifelt. Allein, immer
einsam ...

KOMMISSARIN Sie sind nicht allein. Wenn ich mich nicht
irre, hatten sie schon nach einem Monat eine neue Freundin ...

RICHTER Wie können Sie so etwas sagen? Bei dem, was ich
um die Ohren habe ...

KOMMISSARIN *öffnet ihr Notizbuch* Kennen Sie zufällig eine
Alice Piersanti, Moderatorin und Redakteurin von Tele-
Finanzinvestment?

RICHTER Woher wissen Sie das? Arbeiten Sie vielleicht für
»Bild am Montag«?

KOMMISSARIN Das wäre bestimmt angenehmer. Nein, in
unserem Archiv habe ich ein Dossier über sie gefunden
... übrigens: Sie sollten Ihrer neuen Freundin nicht so
viel erzählen ...

RICHTER Wieso sollte ich? *Kopfschüttelnd.* Wissen Sie, daß
Sie genau am Fenster stehen. Zu mir sagen Sie, ich soll
aufpassen und Sie ...

KOMMISSARIN Mir passiert nichts. Durch das Zielfernrohr
sieht man ganz klar, daß ich eine Frau bin und nicht der
gesuchte Richter.

RICHTER Ah, ja, die schauen sich mein Foto an, blicken
durchs Fernrohr, vergleichen: »Das ist er, das ist er nicht«
... Aber im Zweifel schießen sie! *Er schenkt sich abermals ein und schwankt nun schon etwas.* Was sagten Sie
vorhin über meine Freundin Alice?

KOMMISSARIN Nur eine Vorsichtsmaßregel. Die Sache ist
heikel, und in den Nachrichtenredaktionen herrscht ein
schwunghafter Handel mit vertraulichen Informationen.

RICHTER Schon gut, ich kann schweigen.

KOMMISSARIN *zu ihrer Kollegin* Ach, ja ... geh runter und
schau nach, ob der Elektroniker noch da ist ... er soll uns
seine Spürmaus leihen.

POLIZISTIN Gut. *Ab.*

RICHTER *schenkt sich abermals ein* Der ist bestimmt nicht
vergiftet. Den hat heute morgen schon die Putzfrau über-
prüft, dem Pegel nach zu urteilen. *Hebt sein Glas zum
Fenster hin.* Prost! *Zum anderen Fenster.* Ihr auch! Prost!
Auf dem Baugerüst! Auf der Terrasse! Euer Wohl!

KOMMISSARIN Nicht provozieren!

RICHTER Hier bin ich! Schießen Sie auf den mechanischen
Bären!

*Er brummt und brüllt, wie ein Bär, duckt sich, springt auf
und dreht sich tapsig. Man hört das klassische Pfeifen eines
Projektils. Der Buddha schüttelt den Kopf, eine Schachtel,*

die auf dem Regal steht, stürzt herab und die überlaute
Rockmusik setzt wieder ein. Alle werfen sich zu Boden.

RICHTER Verdammte Scheiße! *Er wirft sich auf das Stereo-*
gerät und schaltet es ab. Schon wieder der Stereo getroffen! Da lauern wirklich Heckenschützen da draußen!
Diese Wilddiebe! Ein Schuß kam von dort, hat die
Schachtel getroffen, der zweite hat hier die Sessellehne
durchquert, und der dritte hat im Stereo eingeschlagen.
Drei Schüsse, mindestens . . .

KOMMISSARIN Nur einer, von dort unten. *Sie deutet aus*
dem Fenster.

RICHTER Ballistisch undenkbar!

KOMMISSARIN Glauben Sie mir, ich war in Amerika! Die
Kugel hat den Buddha überquert . . .

RICHTER Da hast du aber Schwein gehabt, Fettsack! *Der*
Buddha schüttelt den Kopf.

KOMMISSARIN . . . ist von der Schachtel auf dem Regal abge-
prallt, auf dem Rückflug von der Sessellehne nur abge-
bremst worden, so daß sie noch den Stereo einschalten
konnte und müßte demnach etwa hier . . . Da steckt sie ja,
im Tischbein!

RICHTER Unglaublich!

KOMMISSARIN Wieso? Das ist genau die Schußbahn der Kugel, die Präsident Kennedy getötet und seinen Mitfahrer
schwer verletzt hat. Da, ein sieben fünfundsechziger Kali-
ber mit Explosivwirkung! Wenn Sie die im Kopf haben,
kriegen Sie bei den nächsten Wahlen mindestens dreißig
Prozent. Solche Reden halten Sie! *Der Richter krümmt*
sich, preßt die Arme gegen den Unterleib und würgt. Ist
Ihnen nicht gut?

RICHTER Nur ein Brechreiz.

KOMMISSARIN Verständlich. Der ganze Streß und die halbe
Flasche Brandy . . .

RICHTER Entschuldigen Sie mich . . . Mein Brechreiz ist
stärker als Ihr Liebreiz. Ausgekotzt geht's mir besser.

KOMMISSARIN Soll ich behiflich sein?

RICHTER Nein danke. Wie Oskar Wilde sagt: Kotzen und
Masturbieren ist schöner alleine. Es gelingt besser. *Er
geht ab. Die Statue schüttelt heftig den Kopf.*

KOMMISSARIN Er ist wirklich etwas seltsam!

Die Polizistin kehrt zurück.

POLIZISTIN Chefin, die von der Technik wollen uns ihr
Peilgerät nicht leihen. Sie müssen mit ihnen reden.

KOMMISSARIN Dann komm. *Beide ab.*

*Die Kommode mit dem Buddha rollt zur Vorderbühne. Der
Buddha zieht hinter seinem Rücken zwei Fähnchen hervor
und beginnt ins Publikum zu signalisieren, wie ein Matrose.
Von hinten links kehrt der Richter zurück, fast gleichzeitig
von draußen die Kommissarin. Beide sehen zu. Der Buddha
wirft die Fähnchen hinter sich.*

RICHTER Haben Sie das gesehen? Da hinten muß irgendwo
ein Schiff liegen.

*Er deutet ins Publikum. Die Kommissarin legt ihm die
Hand auf den Mund und schiebt ihn hinaus. Sie nimmt die
Kopfhörer, die auf dem Fernseher liegen und ruft nach
draußen.*

KOMMISSARIN Herr Richter!

RICHTER *von draußen* Was gibt's?

KOMMISSARIN Wo sind Sie? Wie geht es Ihnen?

*Er kommt herein und hält sich eine Wärmflasche vor den
Bauch, die er nach wenigen Augenblicken aufs Sofa legt. Sie
schaltet den Stereo ein. Klassische Musik ertönt.*

RICHTER Danke, es geht wieder besser.

KOMMISSARIN Das freut mich.

*Sie setzt dem Buddha die Kopfhörer auf und läuft zum
Radio. Man hört keine Musik mehr, aber der Buddha*

erschrickt. Sie dreht am Radio. Die Lautstärke scheint dem Buddha jetzt zu gefallen.

KOMMISSARIN Das ist die richtige Lautstärke. Wissen Sie was? Ich glaube, die Scharfschützen hören uns ab und können uns auch beobachten. In seinem Kopf ist ein Mikrofon und vermutlich auch eine kleine Kamera. Sie gehen jetzt raus, damit der Buddha denkt, der Richter wäre weggegangen, und wenn Sie wieder reinkommen, tun wir so, als wären Sie seine Schwester.

RICHTER Dem Buddha seine Schwester?

KOMMISSARIN Nein, Ihre!

RICHTER Ich habe aber keine Schwester!

KOMMISSARIN Das weiß keiner. Sie gehen ins Schlafzimmer, ziehen ein Kleid Ihrer Frau über, setzen sich eine Perücke auf ... ein paar Schuhe, aber nicht so hohe, sonst brechen Sie sich die Ohren ... und dann können Sie sich endlich auch ans Fenster stellen und frische Luft schnappen.

RICHTER Das ist eine gute Idee! Ich wollte immer ein Mädchen sein, seit meiner Geburt schon. Als ich zur Welt kam, waren alle enttäuscht, auch meine Brüder. Meine Eltern wollten unbedingt ein Mädchen. Deshalb mußte ich sogar Mädchenkleider tragen. Aus rosa Organza. *Wechselt den Tonfall.* Frau Kommissarin! Ich bin ein hoher Repräsentant dieses Staates! Ein Richter kann sich in alles verwandeln: in ein Mitglied der Mafia, der kriminellen Geheimloge P2, der katholischen Kirche ... aber in eine Frau! Niemals!

Man hört das scharfe Pfeifen einer Kugel, und sofort schaltet sich wieder die laute Rockmusik ein. Der Richter springt hin und schaltet das Gerät ab.

RICHTER Himmel! Jedesmal treffen sie mein Stereo! Man bräuchte einen Verkehrspolizist, um die Kugeln zu dirigieren.

KOMMISSARIN Was sagten Sie gerade über Ihre Kinderträume?

Die Polizistin kommt herein.

RICHTER Ich sagte: Ein Richter kann sich in alles verwandeln, warum nicht in eine Frau? Vor allem, wenn so viele Kugeln herumfliegen. *Ab nach hinten.*

KOMMISSARIN Bravo! *Sie setzt sich auf die Wärmflasche.*

POLIZISTIN Was meint er damit: Er kann sich in eine Frau verwandeln? *Die Kommissarin deutet mit einer Pantomime an, daß der Buddha sie hören und sehen könne.* Verstehe! Das Sprichwort von den drei Affen, nur umgedreht.

KOMMISSARIN Richtig. Du bist ein Genie. Du kommst zu den Carabinieri!

POLIZISTIN *deutet auf den Hintern der Kommissarin* Sie sind ganz naß hinten, da schauen Sie!

KOMMISSARIN *befühlt ihren Hintern und hebt die Wärmflasche hoch* Igitt! Ja. Ich habe mich auf die Wärmflasche gesetzt. Bestimmt ist sie undicht. *Sie dreht die Wärmflasche um. Ein Schwall Wasser ergießt sich auf den Fußboden.* Da sieh nur, als könnte ich das Wasser nicht halten. *Das Mobifon klingelt. Sie antwortet.* Hallo, ja, von wo rufst du an? Was für eine Freundin? Ach die. Ja, kann raufkommen.

POLIZISTIN Wer kommt?

KOMMISSARIN Seine Freundin Alice, die Journalistin. Soweit ich weiß, fotokopiert sie sogar seine Ermittlungsakten und verscherbelt sie an Berlusconis Fernsehstationen. Wir müssen uns was einfallen lassen. Sie darf nicht merken, daß er eine Leibwache hat und daß auf ihn geschossen wird. Geh, hilf ihm beim Anziehen und mach ihm ein ordentliches Make-up, sonst mault der Theaterkritiker.

POLIZISTIN Was haben Sie vor?

KOMMISSARIN Ich hab schon eine Idee. Aber du mußt mitspielen. Halt ihn auf, bis ich ihn rufe.

Die Polizistin geht ab. Es klingelt heftig an der Tür.

KOMMISSARIN Ich komme!

Sie öffnet. Eine ziemlich elegante Dame kommt herein. Es ist Alice.

KOMMISSARIN Treten Sie näher.

ALICE Guten Abend.

KOMMISSARIN Guten Abend. Sie wünschen?

ALICE Vielleicht habe ich mich in der Wohnung geirrt.

KOMMISSARIN Zu wem wollten Sie, bitte?

ALICE Zu Herrn Poe-Falte.

KOMMISSARIN Das ist hier, aber er kann nicht.

ALICE Darf ich mich wenigstens vorstellen?

KOMMISSARIN Nein, bedaure. Mir reichen die Leute, die ich kenne.

ALICE Was soll das heißen? Wo ist Felix?

KOMMISSARIN Er wartet auf mich im Schlafzimmer.

ALICE Im Schlafzimmer . . .?

KOMMISSARIN Ist das ein Tag heute! Dreimal schon. Er ist völlig durcheinander.

ALICE Dreimal mit Felix im Schlafzimmer?

KOMMISSARIN Ja, und für solche Extras zahlt die Krankenkasse keinen Pfennig!

ALICE Die Kasse?

KOMMISSARIN Ich bin seine Analytikerin.

ALICE O, da bin ich aber froh. Aber seit wann ist er denn in Behandlung?

KOMMISSARIN Seit seiner ersten paroxistischen Krise.

ALICE Paroxistische Krise?

KOMMISSARIN Ja, ein konfusionaler Paroxismus! Er hat die fixe Idee, alle hätten es auf ihn abgesehen. Er glaubt zum Beispiel, der Buddha würde den Kopf bewegen und ihm nachspionieren.

ALICE Das ist nicht so tragisch.

KOMMISSARIN Aber die Figur ist aus Majolika und aus dem dreizehnten Jahrhundert! Finden Sie es vielleicht auch normal, daß der Christus an der Wand sich ebenfalls bewegt? Von Zeit zu Zeit glaubt Ihr guter Freund, der

Christus würde sich selber die Nägel rausreißen und vom
Kreuz herabsteigen ... Dann kommt Jesus hier ins
Wohnzimmer, stürzt sich auf den Buddha, umarmt ihn,
küßt ihn ab und nennt ihn Bruder. »Mein fernöstlicher
Bruder!« Zum Schluß kehrt er seelenruhig an sein Kreuz
zurück, haut sich die Nägel rein ... und Ihr Felix steht
dabei, klatscht in die Hände und ruft: »Bravo, Jesus! Du
bist ein Gott!«

ALICE Heilige Maria, was ein Unglück! Seit wann hat er
das?

KOMMISSARIN Tja ... Felix wird Ihnen davon erzählt haben
... Seine Eltern hätten lieber eine Tochter gehabt.

ALICE Davon spricht er oft. Was hat das damit zu tun?

KOMMISSARIN Es hat, und ob! Haben Sie eine Ahnung, Ver-
ehrteste, was es für ein sensibles Kind bedeutet, uner-
wünscht zu sein?

ALICE Ja, das sagte er ...

KOMMISSARIN Und daß seine Eltern ihn in den Kindergarten geschickt haben ... in Kleidchen aus rosa Organza
und mit Zöpfen bis er fünf Jahre alt war? Wissen Sie das
auch?

ALICE Mit Zöpfen? Mein Felix? Das ist unverantwort-
lich. ...

KOMMISSARIN Sagen Sie ruhig: Kriminell! Jahrelang muß er
sich anhören: »Du bist kein Mädchen. Wir wollen ein
Mädchen!« Vor Schmerz und Scham begann dieses arme
Kind, sich naß zu machen ... »Verschwinde, du Pimmel-
pisser ... Wir wollen dich nicht!« Es passiert ihm heute
noch. Da sehen Sie ...

ALICE Was ist das?

KOMMISSARIN Pipi!

ALICE Nein!

KOMMISSARIN Wieso nein? Wenn er sich aufregt, kann er's
nich halten. Und da wundert man sich, wenn so ein armer Traumatiker, quasi um sich zu annullieren, bei jeder

Widerwärtigkeit eine Geschlechtsumwandlung durchführt . . . und sich verkleidet, um symbolisch zu werden,
was er wirklich werden sollte: eine Frau!

ALICE Wollen Sie sagen, er zieht sich um, um zu . . .?

KOMMISSARIN So ist es, aber es steht ihm nicht schlecht.

ALICE Was steht ihm nicht schlecht?

KOMMISSARIN Ich meine, rein ästhetisch . . . Er sieht immer
noch gut aus, ziemlich elegant.

ALICE Und was soll ich jetzt machen?

KOMMISSARIN Nichts. Benehmen Sie sich in seiner Gegen-
wart mit der größten Natürlichkeit . . . Er wird wirre Reden halten, aber Sie widersprechen ihm nicht.

ALICE Gewiß doch.

KOMMISSARIN Los, los! Lächeln Sie! Ich rufe sie jetzt . . .
das heißt: ihn. Machen wir's ihm ein bißchen nett. *Sie
schaltet den Stereo ein. Sanfte, kitschige Schlagermusik ertönt. Dann öffnet sie die rückwärtige Tür und ruft nach
draußen.* Herr Richter! Wir haben eine Überraschung für
Sie!

*Der Richter in einem leichten, etwas tantigen Kleid ohne
Körperbetonung, schwebt herein, macht einen großen Bo-
gen, zeigt sich auch dem Publikum und wendet sich dann
erst Alice und der Kommissarin zu.*

RICHTER Was für eine Überraschung?

KOMMISSARIN Hier steht sie.

ALICE Ich bin's, Felix! Wie geht es dir?

RICHTER Alice!? Diese Schande! *Er birgt seinen Kopf an
Alices Schulter und schluchzt.*

ALICE Welche Schande, mein Lieber?

RICHTER *stößt sie zurück und wendet sich ab* Nein, ich
kann nicht! Schau mich nicht an. Warte . . . ich zieh mich
rasch aus . . .

KOMMISSARIN *leise zu Alice* Jetzt will er sich ganz auszie-
hen. Ein klassischer Fall.

POLIZISTIN *verstellt ihm den Weg und zieht ihn wieder in
    den Raum* Nein, bleiben Sie, Sie sehen großartig aus!

KOMMISSARIN *laut* Denken Sie an die Scharfschützen!

ALICE Scharfschützen?

RICHTER Ja, Liebling. Ich muß mich als Frau verkleiden,
    weil dieser dumme Buddha hat eine Abhöranlage im
    Kopf, um nicht so aufzufallen. Sie haben ein Foto von
    mir als Mann, aber als Frau existiere ich nicht. Verstehst
    du? Sie interessieren sich nicht für Frauen.

Die Kommissarin gibt Alice ein Zeichen.

ALICE Klar doch. Die nehmen nur Männer.

RICHTER Schau her, ich gehe seelenruhig am Fenster ent-
    lang. Sie sitzen auf der Terrasse und schauen durchs Fern-
    rohr: »Nur eine Frau! Interessiert mich nicht.« Und? Hat
    jemand geschossen?

ALICE Unglaublich ... *Sie nimmt ein Sektglas, schenkt sich
    ein und trinkt das Glas leer.*

KOMMISSARIN Übertreiben Sie nicht mit Ihrem Defilee. Bei
    längerem Hinsehen könnte man Sie für eine alte
    Schwuchtel halten.

RICHTER *sieht das Glas in Alices Hand* Nicht trinken,
    Alice! Da ist Curare drin!

ALICE Was ist das?

RICHTER Es hat sich blau gefärbt, stimmt's? *Die Kommissa-
    rin nickt beschwichtigend.* Sag bloß, du hast davon ge-
    trunken?

ALICE Nur ein Gläschen ...

RICHTER O, Alice, das ist tödlich! Du mußt dich sofort er-
    brechen! *Er hebt sie hoch und dreht sie kopfüber nach un-
    ten. Sie keucht und strampelt mit den Beinen.*

KOMMISSARIN Hören Sie auf!

RICHTER Bei den Pavianen mache ich es immer so.

ALICE *heftig* Ich bin kein Pavian!

RICHTER *zur Kommissarin* Wie lange braucht das Gift?

KOMMISSARIN Das hängt ab von der Polymerisation.

RICHTER Was hat die damit zu tun?

KOMMISSARIN Als Mediziner werden Sie wissen, daß Curare ein Harz ist, das in Verbindung mit Kohlensäure in wenigen Minuten verfliegt.

RICHTER Das wußte ich nicht.

KOMMISSARIN Ich auch nicht. Jedenfalls hat es sich längst verflüchtigt. Spüren Sie was, Alice? Übelkeit, Hitzewellen?

ALICE Nein, nichts.

KOMMISSARIN Verflogen! Da, bitte. Keine Gefahr.

RICHTER *läßt Alice herab. Sie schwankt bedenklich. Er umarmt sie.* Ein Wunder! Ich bin erschüttert!

ALICE Sei ruhig, mein Liebling! Es ist nichts passiert. Du sollst dich nicht so aufregen.

RICHTER Warum soll ich mich nicht aufregen?

ALICE Ich meine ja nur. *Sie schenkt sich noch ein Glas Sekt ein.*

RICHTER *erregt* Du hättest dich um ein Haar vergiftet, ich sehe aus wie eine Vettel, die Situation ist unerträglich, und du trinkst schon wieder zu viel! *Zu den zwei Polizistinnen.* Wäre es möglich, daß Sie uns einen Moment alleine lassen?

KOMMISSARIN Bitte, bitte. Wir wollten uns sowieso mal die Affen anschauen.

Beide ab. Alice und Felix umarmen sich. Der Buddha schüttelt den Kopf.

RICHTER Verzeih mir, Alice.

ALICE Mein armer Felix. Es ist nicht deine Schuld. Wenn sie dir nicht immer Zöpfchen geflochten und dich gezwungen hätten, Kleidchen aus rosa Organza zu tragen ... Wahrscheinlich auch noch mit Schleifchen im Haar ...

RICHTER Wer hat mir Zöpfchen und rosa Orgasmo ...?

Ein Mann in Uniform tritt ein. Er ist Finanzpolizist*. Verwundert bleibt er stehen, als er die beiden Frauen sieht. Nach einer Weile räuspert er sich.

ALICE Können Sie nicht anklopfen?

RICHTER Sehen Sie nicht, daß wir intim sind?

FINANZPOLIZIST Ich suche den Richter.

ALICE Welchen Richter?

FINANZPOLIZIST *liest von einem Blatt Papier den Namen ab* Herrn Richter Felix Poe-Falte ...

RICHTER Geht das schon wieder los! Wie sind Sie überhaupt hereingekommen? Unten steht die Polizei.

FINANZPOLIZIST Ich bin auch Polizei! *Zeigt seinen Ausweis.*

RICHTER Die Finanze? Was wollen Sie?

FINANZPOLIZIST *deutet auf einen Zettel* Vorbeugehaft. Auf richterliche Anordnung!

RICHTER *grabscht sich den Wisch* Was für ein Richter? Tatsächlich. Ein Haftbefehl.

FINANZPOLIZIST Also bitte, wo ist der Gesuchte?

ALICE *nimmt dem Richter den Haftbefehl weg und reicht ihn dem Finanzpolizist.* Wie Sie sehen: Er ist nicht da.

FINANZPOLIZIST Sind Sie die Schwester des Angeschuldigten?

RICHTER Ja, die kleine Schwester, aber ich bin auch seine Sekretärin. Zeigen Sie noch mal ... *Er grabscht sich wieder das Blatt Papier.* Sieh an ...

---

* Die Finanzpolizei, »Guardia di Finanza«, ist mit keiner deutschen Einheit zu vergleichen. Sie ist uniformiert, kaserniert und in Friedenszeiten vornehmlich mit polizeilichen Aufgaben betraut. Nicht selten treten Sicherheitspolizei, Carabinieri und Finanzpolizei gleichzeitig und als konkurrierende Corps auf, wann immer Interessen des Fiskus betroffen sind, wenn es zum Beispiel um Schmuggel, Beamtenkorruption etc. geht. Andererseits ist sie aber auch eine militärische Einheit, die in allen Kriegen gekämpft hat, was darin zum Ausdruck kommt, daß sie eigene Kriegerdenkmäler hat. Ich erwähne das nur, damit man nicht auf die Idee kommt, ihr einen deutschen Namen zu verpassen, wie Zoll oder Steuerfahndung oder Finanzdezernat. [Anm. d. Übers.]

ALICE Wieder die alte Geschichte mit dem illegalen Waffen-handel?

RICHTER Nein. Diesmal soll ich ein Schwarzgeldkonto in der Schweiz haben. Mit ein paar Millionen auf meinen Namen.

Die zwei Polizistinnen betreten das Zimmer und können die letzten Worte hören.

KOMMISSARIN Wie schön! Sie haben ein paar Millionen in der Schweiz?

ALICE *reicht ihr den Haftbefehl* Das ist eine Frechheit! Er soll verhaftet werden.

RICHTER Ja, ein Komplott!

FINANZPOLIZIST Natürlich, eine Verschwörung, ein schmut-ziges Manöver! Das sagen alle, wenn sie erwischt werden.

RICHTER Spotten Sie nicht! Das ist eine Intrige, um mich aus dem Weg zu räumen. *Er schnappt sich das Papier.* Dieser Pramponi, der mich beschuldigt ... Nie gehört, den Namen!

FINANZPOLIZIST Ah! Dann sind Sie der Richter ...

RICHTER Natürlich! Der bin ich!

FINANZPOLIZIST Und wer sind die Damen?

RICHTER Das ist meine Leibwache!

FINANZPOLIZIST Eine weibliche Leibwache. Wie pikant! Und Sie haben sich als Frau verkleidet, um nicht so auf-zufallen? Oder, um sich der Verhaftung zu entziehen? Ich wäre fast drauf hereingefallen. Mein Kompliment.

ALICE Er hat sich nur wegen der weiblichen Rückverwand-lung verkleidet. Jetzt traumatisieren Sie ihn nicht schon wieder!

FINANZPOLIZIST Hören Sie auf mit dem Theater! Herr Rich-ter, ich gebe Ihnen fünf Minuten Zeit, sich umzuziehn.

RICHTER *zu den Polizistinnen* Warum unternehmen Sie nichts? Sie sind meine Leibwache!

KOMMISSARIN Ich weiß, aber wir sind machtlos! Am besten, Sie lassen sich erst mal verhaften. Sie werden sehen, es ist nicht übel im Gefängnis, heutzutage. Sie treffen eine Menge Bekannte: Beamte, Politiker, Industrielle ... Richter aus den oberen Etagen, Gerichtspräsidenten ...

RICHTER Vielleicht mache ich sogar Karriere!

ALICE Sie hat recht. In ein paar Tagen klärt sich alles auf, und du wirst entlassen. Ich richte dir deine Anziehsachen. *Sie will abgehen.*

FINANZPOLIZIST Na, endlich! Und bringen Sie den Mülleimer aus der Küche mit!

ALICE Den Mülleimer?

RICHTER Der Mülleimer ist der bevorzugte Aufbewahrungsort für Schmiergelder aller Art. Oder die Closettschüssel!

ALICE Das Closett kann er sich selber holen! *Ab.*

FINANZPOLIZIST Warten Sie, ich komme mit.

Er will Alice folgen. Der Richter verstellt ihm den Weg. Sie beschimpfen sich gleichzeitig. Die Polizistinnen reden dazwischen.

FINANZPOLIZIST Was erlauben Sie sich?! Ich lasse Sie ...

RICHTER Sie bleiben hier! Zeigen Sie erst mal Ihren ...

FINANZPOLIZIST Ich gebe hier die Befehle! Und wenn Sie zehn Mal Richter ...

POLIZISTIN Ruhig! Ruhig!

KOMMISSARIN Nicht einmischen, Kollegin!

FINANZPOLIZIST Sonst ...! *Er zieht seine Pistole und richtet sie auf den Buddha.*

RICHTER Sonst?

FINANZPOLIZIST Ich schieße!

KOMMISSARIN Meine Herren, meine Herren!

RICHTER Na, endlich! Ich war schon in Sorge! Seit einer halben Stunde hat keiner mehr auf mich geschossen. Bitte, schießen Sie!

Man hört einen Knall. Der Buddha fällt von der Kommode. Die Rockmusik dröhnt los.

RICHTER Na, bitte! *Er schaltet das Stereogerät wieder aus.*

POLIZISTIN Der arme Buddha. Jetzt schauen Sie, was Sie an-
gerichtet haben!

FINANZPOLIZIST *verdattert* Ich hab nicht geschossen. Wer
war das?

KOMMISSARIN Ein Heckenschütze. Entweder von hier oder
von da.

*Der Richter stürzt sich mit einem Schrei auf den Finanzpoli-
zisten.*

RICHTER Her mit der Waffe! Loslassen!

*Handgemenge. Ein Schuß fällt. Der Finanzpolizist sinkt zu
Boden. Diesmal keine Rockmusik!*

RICHTER Mein Gott! Was habe ich getan!

POLIZISTIN Da haben wir den Salat. *Sie kniet nieder, beta-
stet den Reglosen und hebt eine Hand. Sie ist voller Blut.*

KOMMISSARIN Blut! Blut!

RICHTER Ist er tot?

POLIZISTIN Total!

KOMMISSARIN Das haben Sie wirklich großartig gemacht,
Herr Richter!

RICHTER Das gilt nicht! Auf mich schießen sie alle Nase
lang und treffen immer nur den Stereo, und wenn ich einmal abdrücke, zack! Schon ist er tot!

*Die zwei Polizistinnen richten den Finanzpolizist mühsam
auf. Er steht wieder auf den Füßen, als Alice hereinstürmt.
In einer Hand trägt sie den Abfalleimer, in der anderen
schwenkt sie ein Bündel Banknoten.*

ALICE Wir sind reich! Felix! Im Mülleimer war Geld! Da,
schau! Wir sind reich!

*Alle erstarren in ihrer Pose. Musik. Licht aus. Zwischenvor-
hang runter.*

Pause.

Zweiter Akt

Zwischenvorhang rasch auf.
Bild und Personen wie am Ende des ersten Aktes. Alice
fuchtelt immer noch mit einem dicken Bündel Banknoten
herum, und die zwei Polizistinnen halten den leblosen Fi-
nanzpolizist auf den Beinen.

ALICE Wir sind reich! Im Mülleimer war Geld! Da, schau!
Wie sie fliegen und tanzen. *Sie wirft Banknoten in die*
Luft.

RICHTER *versucht, sie nach draußen zu schieben* Alice,
bitte, geh wieder.

ALICE Ehi! Schubs nicht so!

RICHTER Ich will nur, daß du mir die Sachen zurechtlegst!
Du siehst doch, ich muß mich umziehen. *Er deutet auf*
die Dreiergruppe. Mit einem Griff bemächtigt er sich der
Banknoten.

ALICE Nicht so hastig. *Ab.*

RICHTER *entschuldigend, zu den Polizistinnen* Ich habe
keine Ahnung, wie das Geld in meinen Mülleimer
kommt.

Die Polizistin und der Assistent setzen den Leblosen auf die
Kommode, wo bisher der Buddha stand, und rollen das
Möbel vor den Schrank, so daß sie den Mann nicht mehr zu
halten brauchen.

KOMMISSARIN Vielleicht eine gute Fee! Ach, was. Haben
wir denn alle den Verstand verloren? Wir sind Idioten!
Die Finanze schickt nicht nur einen Mann, wenn sie jemand verhaften will ...

RICHTER Ganz meine Meinung. Auch der Haftbefehl ist
gefälscht. Soweit ich weiß, gibt es keinen Haftrichter In-
falizzi bei der Mailänder Justiz. *Er hält den Haftbefehl*
hoch.

KOMMISSARIN Zeigen Sie mal. *Schnappt sich das Papier und hält es gegen die Lampe.* Hatschidenti! Das Wasserzeichen ist von 1963. Das Formular ist seit zwanzig Jahren außer Betrieb.

POLIZISTIN *holt den Dienstausweis aus einer Tasche des Toten* Auch der Ausweis ist falsch. Das Foto ist nachträglich eingeklebt und nicht mal ordentlich genietet, abgesehen vom Siegel.

KOMMISSARIN Was ist mit dem Siegel?

POLIZISTIN *liest vor* Pecunia non olet.

KOMMISSARIN Das ist korrekt.

RICHTER *hat unterdessen die Banknoten durchgeblättert* Dafür ist die Knete nicht korrekt. Das sind keine Schweizerfranken. Das sind Deutschmark.

KOMMISSARIN Sie Glückspilz! Kennen Sie den neuen Wechselkurs?

RICHTER Wohl! Nur das hier ist eine Million. *Hält eine Banknote hoch.*

POLIZISTIN Meinen Sie, das sind Blüten?

KOMMISSARIN *nimmt sich die Banknote* Blüten wohl nicht. Aber das Geld stammt von 1923.

RICHTER Inflationsgeld. Diese Betrüger! *Er wirft das Geld auf den Fußboden.* Diese Drecksäcke! *Er versetzt dem Leblosen eine schallende Ohrfeige, so daß er das Gleichgewicht verliert.* Hilfe! Die Leiche!

KOMMISSARIN Geh, hilf ihm.

Die Polizistin hilft ihm, den Leblosen wieder aufzusetzen. Anschließend kreuzt der Richter Arme und Beine des Leblosen, so daß er die Haltung des Buddha einnimmt.

RICHTER Und ich hätte mich beinahe einwickeln lassen!

KOMMISSARIN Nicht nur das: Sie wären spurlos verschwunden.

POLIZISTIN *wühlt immer noch in den Taschen des Killers* Ich glaube, ich hab eine Spur gefunden! *Hält ein Ticket in die Höhe.* Palermo – Mailand und zurück.

KOMMISSARIN Mafia!

RICHTER Ein Glück! Dann wäre ich doch nicht spurlos verschwunden. Man hätte mich in einem Kofferraum gefunden. Mit einer Zitrone im Mund und einem Schild vor
der Brust: »Willkommen im schönen Sizilien!«

*Alice kehrt zurück. Sie schleppt eine Reisetasche und hält in
der anderen Hand einen Anzug.*

ALICE Sodele, da wären wir! Ich hoffe, ich habe nichts ver-
gessen.

RICHTER Danke, Schatz.

KOMMISSARIN Sie haben sich umsonst bemüht.

ALICE Wieso? Ist der Finanzer wieder weg?

KOMMISSARIN *deutet auf die Statue* Psst! Er meditiert gerade.

RICHTER Er gehört zu einer bedeutenden Sekte, deren An-
hänger in den höchsten Regierungsämtern sitzen.

ALICE Da bin ich aber beruhigt.

KOMMISSARIN Es war alles nur ein Mißverständnis.

ALICE Und das viele Geld?

RICHTER Völlig wertlos.

ALICE Wie schade!

RICHTER Ach, wäre es dir lieber gewesen . . .?

ALICE Natürlich. Ich meine, nein. O, Liebster, ich bin ganz
durcheinander!

KOMMISSARIN Der Herr Richter darf sich trotzdem umziehen. *Sie schiebt ihn in den Gang hinten links.* Die Gefahr
ist gebannt.

ALICE Ist seine Krise vorbei?

KOMMISSARIN Ja, sie ist fast abgeklungen. Da sehen Sie: Er
hat nicht einmal Pipi gemacht.

ALICE Das freut mich aber!

KOMMISSARIN Darf ich Sie dann bitten, ihm zu helfen? *Sie
komplimentiert Alice und den Richter nach hinten.*

POLIZISTIN Was machen wir mit dem da?

KOMMISSARIN Bei allem Respekt vor den Klassikern . . .
hängen wir ihn in den Kleiderschrank.

An einem Kleiderbügel wird der Tote hineingehängt. Er stiert blöde ins Publikum, die Ärmel sind etwas hochgerutscht.

RICHTER *von hinten* Falls jemand fragt: Es war Notwehr! Ist das klar?

KOMMISSARIN Selbstverständlich! Wir können bestätigen, daß sich der Schuß von alleine gelöst hat. Ich stelle schon mal die Waffe sicher. Wegen der Fingerabdrücke. *Sie versorgt die Pistole in einer Plastiktüte.* So, endlich hat unser Richter auch eine Leiche im Schrank.

POLIZISTIN Willst du den Kadaver da hängen lassen?

KOMMISSARIN Sobald das Stück aus ist, schaffen wir ihn zum Kongreß der Christdemokraten und setzen ihn in die erste Reihe. Die merken nicht einmal, daß er tot ist.

Alice und der Richter kommen wieder herein.

ALICE Da sind wir wieder. Was machen wir jetzt?

Die Schranktüren gehen kurz auf und gleich wieder zu. Der Richter sieht einen Moment lang die Leiche. Er schwankt und setzt sich.

RICHTER Mir ist übel!

Alice nimmt ihn in die Arme.

KOMMISSARIN Das ist normal. Die Verwandlung in einen Mann ist immer ein traumatisches Erlebnis.

RICHTER Spotten Sie nicht. Dieser Streß bringt mich noch um.

ALICE Er ist ganz blaß, der Arme.

KOMMISSARIN Das macht nichts. Ein kleiner, gut dosierter Schock ist gesund für das Nervenkostüm.

RICHTER Stimmt das?

Alice geht kurz raus und kommt mit einem Glas Wasser zurück.

KOMMISSARIN Das ist klinisch-empirisch erwiesen. Auch für die Massen, wie man früher gesagt hätte, ist ein bißchen Terror letzten Endes sogar heilsam.

RICHTER Das stimmt. Bomben und Massaker sind ein Allheilmittel.

KOMMISSARIN Ich meine das ernst.

RICHTER Natürlich.

KOMMISSARIN Zu welchem Zweck haben denn diese Kriminellen die Attentate auf Kirchen und Museen veranstaltet?

RICHTER Um die Menschen in Angst ...

KOMMISSARIN Was haben sie sich dabei gedacht?

Richter und Kommissarin fallen im folgenden aus der Rolle und sind Schauspieler, die sich streiten. Sie versucht mehrfach ihren Satz zu sprechen: »Um die Menschen in Angst und Schrecken zu versetzen?«, wird von ihm jedoch immer unterbrochen und gerät schließlich aus dem Konzept, bis er ihren Satz aufnimmt und sie wieder reinkommt.

ER Das wollte ich gerade sagen.

SIE Unterbrich mich nicht immer.

ER Du hast mich was gefragt. Soll ich darauf nicht antworten?

SIE Das ist mein Text. »Um die Menschen in Angst und ...?«

ER Und ich soll nicht antworten?

SIE Nein!

ER Na, gut, dann antworte dir selber.

SIE »Um die Menschen in Angst und ...?«

ER Es soll nicht wieder vorkommen.

Sie kommt aus dem Konzept und schaut ihn genervt an.

ER Wieso sprichst du nicht weiter?

SIE Warum wohl! *Ins Publikum.* Jeden Abend versucht er mindestens drei Mal, mich aus dem Konzept zu bringen.

ER Deinen Text wirst du doch kennen ...

SIE Wenn du immer dazwischenredest! »Um die Menschen ...«

ER Was ist?

SIE Wie soll ich jetzt wieder reinkommen?

ER *zitiert ihren Text* Um die Menschen in Angst und Schrecken zu versetzen?

BEIDE »O, Gott!! Sie vernichten unsere Kunstschätze! Unsere heiligsten Kulturgüter!«

ER Na, siehst du.

KOMMISSARIN *wieder auf der Rolle* Welch ein Irrtum! Sagen Sie selber: Gibt es ein Volk, das seine Kunstschätze und Kulturdenkmäler derart mißachtet wie wir Italiener? Meines Erachtens werden die Sprengstoffattentate nicht von der Mafia verübt, sondern vom Ministerium für das kulturelle Erbe.

Der Richter lacht. Der Schrank öffnet sich, der Richter sieht den Toten und gibt einen Würgeton von sich. Die Polizistin schließt rasch die Tür.

ALICE Trink einen Schluck Wasser, Liebster! *Sie reicht ihm das Glas.*

RICHTER Nein, danke. Ich bin froh, daß es mir wieder besser geht. *Zur Kommissarin.* Ihr Sarkasmus ist wirklich erfrischend.

KOMMISSARIN Wer wußte von der Existenz einer herrlichen proto-romanischen Kirche namens San Giorgio in Velabro in Rom, bevor dort eine Bombe deponiert wurde?

ALICE Ich nicht.

RICHTER Aber die Uffizien in Florenz waren bekannt!

KOMMISSARIN Ja, aber als nach dem Attentat einige Säle wieder eröffnet wurden, drohte der Fußboden einzubrechen.

ALICE Ein Bombenschaden ...

KOMMISSARIN Nein! Der Andrang! Schlimmer als im letzten Sommer an der Adria. Erinnern Sie sich an die Prognosen der Zeitungen? »Das gibt eine Katastrophe! Kein

Idiot kommt mehr nach Italien, um Urlaub zu machen!«
Und was war? Alles voll!

POLIZISTIN Ja. So viele Deutsche hatten wir selten.

KOMMISSARIN Sie kommen zu uns und warten aufs nächste
Attentat, um ein bißchen Abwechslung in ihr ödes Leben
zu bringen, das nur von Rasenmähern und Heimwerker-
märkten unterbrochen wird, von Grillparties mit meter-
langen Bratwürsten und ein paar Türken, die sie manch-
mal anzünden, um nicht vor Langeweile zu sterben.

RICHTER Sie haben mich überzeugt. Ich strebe zum Fenster
und sterbe zum Ruhm unseres Vaterlands. Jeder erschos-
sene Richter eine Null in der Bilanz des Fremdenver-
kehrs!

*Die Schranktür öffnet sich. Der Platz des Mafioso ist leer.
Alle laufen hin, schließen die Tür, aber niemand bemerkt
das Verschwinden des Toten. Alice sieht den Ansturm mit
Erstaunen. Sie trinkt das Wasserglas in einem Zug leer und
schwankt bedenklich.*

ALICE Ohhh, warum rennt ihr dauernd zum Schrank? Mir
wird ganz schwindelig.

RICHTER Du sollst nicht so viel trinken, Alice!

Das Mobifon trillert abermals.

POLIZISTIN Ich bin's. Was gibt's? Wer, die Zentrale? Wart
ab, ich gibse dir ... *Übergibt das Telefon an die Kommissarin und ruft* Es hat ein Massaker gegeben!

KOMMISSARIN *übernimmt das Gespräch* Einsatzleitung! Er-
zähl! ... Das Kongreßzentrum? ... Der Wahnsinn! *Sie
gibt der Polizistin ein Zeichen, den Fernseher einzuschal-
ten. Derweil reden alle durcheinander.*

RICHTER Ein Massaker?

ALICE Im Kongreßzentrum?

KOMMISSARIN Eine Tausendkilo-Bombe?

RICHTER Ich frage mich, wo wir leben!

KOMMISSARIN Seid doch mal leise! Also praktisch die ganze Nomenklatur!

POLIZISTIN *hat einen Nachrichtensender gefunden* Ich hab's, ich hab's.

KOMMISSARIN Ja, bis nachher. *Sie beendet das Gespräch.*

NACHRICHTENSPRECHER Die Tragödie ereignete sich während eines Spitzengesprächs im Institut für chemisch-pharmazeutische Studien. Zu den fünfunddreißig hochrangigen Teilnehmern aus Industrie, Wirtschaft und Politik, die fast alle unter Strafanklage stehen, gehören so bekannte Wissenschaftler wie die Professoren Beroglia und Saravagli, und Beamte des Gesundheitsministeriums sowie der Minister persönlich. Die Öffentlichkeit war zu der Elefantenrunde nicht zugelassen.

POLIZISTIN UND ALICE Oho! Aha! Hört, hört!

RICHTER Gegen Beroglio und den Minister wollte ich nächste Woche Anklage erheben! Und Saravaglia ...

NACHRICHTENSPRECHER Die Konferenz stand unter dem Motto: »Verantwortung und Risiko zwischen Telekratur und Lynchjustiz.« Nachdem das Gipfeltreffen unter größter Geheimhaltung gegen siebzehn Uhr begonnen hatte, waren aus dem Konferenzsaal minutenlang Schüsse zu hören. Als es endlich gelang, die von innen verschlossenen Saaltüren zu öffnen, bot sich den zu Hilfe eilenden Referenten ein entsetzliches Bild: Die leblosen Körper lagen übereinandergetürmt, alle wiesen Einschußlöcher an der Schläfe auf. Die meisten hielten die rauchende Pistole noch in der Hand! Tot. Nach Auffassung von Fachleuten handelt es sich um den größten Massenselbstmord in der italienischen Geschichte. Der Präsident der Mailänder Polizei begab sich sofort nach Bekanntwerden an den Ort des Geschehens, wo er gegen achtzehn Uhr dreißig eintraf. In ersten Stellungnahmen ...

Die Kommissarin schaltet den Ton leiser. Man sieht Straßenaufnahmen vom Ort des Geschehens, dazwischen Werbung. Später wieder das Nachrichtenstudio.

RICHTER Das haben wir jetzt davon, daß die Presse jeden Selbstmord so hochgejubelt hat: »Was für ein herrlicher Selbstmord! Was hat er sich so schön erschossen! Zu Lebzeiten war er ein Schwein, aber mit diesem Selbstschuß hat er sich als wahrer Patriot erwiesen.« Das war zu erwarten, daß eines Tages alle rufen würden: »Ich auch, ich will auch!« Eine Katastrophe!! Saravaglia, Beroglio waren meine Hauptbelastungszeugen. Das Strafverfahren kann ich einstellen.

KOMMISSARIN Es laufen noch genug herum, die bereit sind, als Kronzeugen zu sterben.

RICHTER Sie haben keine Ahnung! Das ist so, als ob Andreotti bereit wäre, alles über seine Beziehungen zur Mafia, den Geheimdiensten und sämtlichen Bombenlegern zu verraten und dann macht es: Bumm! Und sie legen ihn um. Er ist futsch.

KOMMISSARIN Der macht eher einen Putsch als futsch. Und dann stehen wir alle vier mit dem Rücken zur Wand.

RICHTER Das stimmt, aber man soll die Hoffnung nie aufgeben.

KOMMISSARIN Sagten Sie Mafia, Geheimdienste, Bombenleger?

RICHTER Ich glaube, ja.

KOMMISSARIN Dann hatte Ihr Professor Saravaglia auch was mit den Bomben zu tun?

RICHTER Seit 1969 mit Sicherheit. Piazza Fontana, das Attentat auf die Landwirtschaftsbank, etliche Tote. Er war in der Geheimloge »P zwei«, Berater diverser Geheimdienste seit Oberst Maletti, und an den Wochenenden trainiert er halboffizielle Wehrsportgruppen.

KOMMISSARIN Scheint eine Art Doktor Fu Man Tschu gewesen zu sein, Ihr Pillendreher!

ALICE Still, sie bringen wieder Nachrichten!

NACHRICHTENSPRECHER Wie wir in diesem Augenblick erfahren, befinden sich unter den Toten auch der ehemalige Staatspräsident Cossiga und der Chef der Radikalen Partei Marco Panella. Wie es heißt, sollen sie sich selber eingeladen haben. Auch ihre Leichen weisen Kopfschüsse auf.

ALLE Nein.

RICHTER Schon wieder ein Kronzeuge weniger. Cossiga war jahrelang Innenminister und für die Geheimdienste zuständig.

NACHRICHTENSPRECHER Im römischen Abgeordnetenhaus wurde vor wenigen Augenblicken eine Sondersitzung eröffnet. Die Regierungsmehrheit will Staatspräsident Scalfaro ersuchen, die bevorstehenden Parlamentswahlen um fünf Jahre zu verschieben. Den Abgeordneten liegt ferner ein Antrag vor, sämtliche Richter der Kommission »Saubere Hände« vom Dienst zu suspendieren und die anhängigen Korruptionsverfahren einzustellen.

RICHTER Boris Jelzin läßt grüßen.

POLIZISTIN Die gehen aufs Ganze! *Gleichzeitig.*

ALICE Warum nicht für zehn Jahre?

KOMMISSARIN Tja, Herr Richter. Jetzt brauchen Sie keine Leibwache mehr.

NACHRICHTENSPRECHER *legt den Telefonhörer beiseite* Wir haben jetzt eine Live-Schaltung zum Hospital der Heiligen Brigitta. Bitte, Antoniucci ... Antoniucci, hören Sie mich? ... niucci?

KORRESPONDENT *haarscharf und laut rangeschnitten* Genau in diesem Moment erreicht uns die Nachricht, daß der bekannte Wissenschaftler Professor Riberti, trotz seiner lebensgefährlichen Kopfverletzung aus eigener Kraft die Notaufnahme des Krankenhauses erreichen konnte ... Er wurde in den fünften Stock gebracht, wo zwei Krankenpfleger ihn kurzerhand aus dem Fenster warfen. Er war sofort tot. Massimo Antoniucci aus Mailand, für Teleinvest zwo, zurück in die Sendezentrale. *Verwackelte Bilder von Krankenwagen. Menschen laufen umher. Massenansammlungen.*

RICHTER Eine etwas drastische Art der Sauerstoffzufuhr für einen, der nach Luft schnappt.

KOMMISSARIN Die Geschichte mit dem Massenselbstmord überzeugt mich nicht. Daß Beschuldigte sich umbringen, ist vorgekommen ... o.k. Aber gleich drei Dutzend Mitwisser, Zeugen und sämtliche Kronzeugen der Operation Schlechtes Gewissen?

RICHTER Passen Sie auf, gleich kommt wieder die Theorie von den entgleisten Geheimdiensten ...

KOMMISSARIN Entgleiste Geheimdienste, wenn ich das schon höre. Intrigen, Staatsstreiche, Massaker, Attentate, das war immer ihre Schiene. Entgleist sind die nie.

ALICE Ich muß sofort in die Redaktion.

KOMMISSARIN Welche Redaktion?

ALICE Die aktuelle Kamera.

KOMMISSARIN Sie arbeiten für Emilio Fede? Der wird sich freuen.

ALICE Wie meinen Sie das?

KOMMISSARIN Ich bitte Sie. Wir nennen ihn nur den »Telebestatter vom nekrophilen Kanal«.

ALICE Das ist nicht fair. Er ist so sensibel.

KOMMISSARIN Sensibel wie ein Aasgeier. Sobald eine Katastrophe stattfindet – ein Amokschütze, Bomben, Selbstmorde – schwappt er über vor Begeisterung. Er schafft pro Leiche drei Ejakulate.

ALICE Danke, das reicht. *Sie will gehen.*

RICHTER Nein, Alice, bleib bei mir, bitte. Du kannst mich jetzt nicht allein lassen. Versteh doch! Ich bin ruiniert mit all diesen toten Pharmazeuten. Man kriegt nicht mal mehr Kohletabletten. *Er nimmt sie in die Arme und drückt sie auf einen Stuhl. Sie gibt nach.*

ALICE Aber sie hat mich beleidigt.

KOMMISSARIN Wir dürfen uns jetzt nicht mit Kleinigkeiten aufhalten. Die Lage ist ernst. Warum veranstalten wir nicht einen kleinen Leichenschmaus?

POLIZISTIN Ja, ich sterbe schon vor Hunger.

RICHTER Mir ist der Appetit vergangen.

KOMMISSARIN Ein Grund mehr, zu feiern! Wenn wir uns gehenlassen, triumphiert der Gegner.

ALICE Ja, wir brauchen ein Gegenmittel. Eine Kleinigkeit essen und trinken wird uns guttun!

KOMMISSARIN Ein Freßgelage!

ALICE Ich darf kochen!

RICHTER Mach das, Liebling! Sie ist eine erstaunliche Köchin!

KOMMISSARIN Ach ja? Dann feiern wir! Was gibt es Gutes?

ALICE Ich empfehle eine Pajata. Makkaroni mit gedünsteten Därmen und Innereien vom Milchkalb auf frischem Sauerampfer in einer feinen Estragon-Sahne-Sauce mit Brunnenkresse garniert. Dazu einen trockenen, leicht moussierenden Barbera aus dem nördlichen Monferrato.

RICHTER O, ja, eine Pajata. Die erweckt Tote zum Leben. *Die Schranktür geht auf und der Tote ist zu sehen.* Du hältst dich da raus! *Alle schubsen die Tür zu.*

ASSISTENT *kommt eilig herein* Höre ich richtig? Eine Pajata?

POLIZISTIN Für eine Pajata tue ich alles!

RICHTER Ja, du kriegst auch was ab.

ALICE Ich eile zum Metzger. Setzt ihr schon mal das Nudelwasser auf. *Sie wackelt mit den Hüften und geht ab.*

RICHTER Kommt, Kinder, helft mir, den Tisch zu decken!

ASSISTENT Das kleine Gedeck oder das gute?

KOMMISSARIN *in ihr Mobifon* Hallo! Es kommt jemand. Die Journalistin. Passieren lassen und unauffällig beschatten. Wo sie hingeht, mit wem sie sich trifft . . .

Es klingelt an der Wohnungstür.

RICHTER Ich wette, Alice hat schon eingekauft.

KOMMISSARIN Nicht aufmachen! Schauen Sie erst durch den Türspion.

RICHTER Es ist Saravaglia!

KOMMISSARIN Ihr Pillendreher mit dem Wehrsportfimmel? Ich denke, der ist im Himmel?

RICHTER *öffnet die Tür und begrüßt den Ankömmling*
  Mein Kronzeuge!

*Saravaglia ist stark lädiert und wird von seinem Chauffeur
gestützt. Der Richter schreckt zurück.*

SARAVAGLIA *blutiges Hemd, wirres Haar, darf den Schwer-
  verletzten aber nur anspielen* Schnell! Helfen Sie mir!
KOMMISSARIN Sollten Sie nicht schon tot sein?
CHAUFFEUR Platz da. Macht Platz, er stirbt gleich.
SARAVAGLIA Das ist mein Chauffeur, er hat mich gerettet.
RICHTER Angenehm.

*Die Polizistin und der Chauffeur führen den Verletzten zu
einem Sessel und setzen ihn hinein.*

CHAUFFEUR Da schaun sie, er blutet wie ein Sieb!
RICHTER *hysterisch* Und da setzen Sie ihn in meinen Sessel?!
CHAUFFEUR Wo soll er denn hin? Er braucht einen Arzt!
RICHTER Meinetwegen hängen Sie ihn in den Schrank zu
  dem anderen. Später schicken wir sie nach Deutschland
  zum Crashtest. Für zwei Leichen kriegt man einen Volks-
  wagen!
KOMMISSARIN *zum Chauffeur* Komm, wir legen ihn da auf
  den Tisch.
RICHTER *stellt sich mit ausgebreiteten Armen schützend vor
  seinen Tisch* Halt! Erst ein Laken drunterlegen.

*Der Assistent breitet ein Bettlaken aus, der Verletzte wird
auf den Tisch gelegt.*

KOMMISSARIN Haben Sie gehört? Er braucht dringend
  einen Arzt.
RICHTER Was schauen Sie mich an? Ich operiere nur Tiere,
  höchstens mal einen Schein-Asylanten.
SARAVAGLIA Bitte, bitte! Meine Vorfahren stammen aus Al-
  banien.
RICHTER Kopten?

SARAVAGLIA Kopten! Kopten!

RICHTER Bedauere! Ich operiere nur Katholiken.

KOMMISSARIN Mein Gott! Eben haben Sie noch gezetert: »Mein Kronzeuge! Wenn Saravaglia stirbt, muß ich das ganze Verfahren einstellen!« Und jetzt lassen Sie ihn wegen juristischer Albernheiten krepieren!

RICHTER Wenn rauskommt, daß ich einen Menschen operiert habe, darf ich keinen Hund mehr behandeln. Warum haben Sie ihn nicht zur ersten Hilfe gebracht?

KOMMISSARIN Damit er aus dem Fenster geworfen wird wie Ihr anderer Kronzeuge?

CHAUFFEUR Hören Sie! Ich habe für den Professor mein Leben riskiert. Als ich reinkam, hat man von allen Seiten auf ihn geschossen.

SARAVAGLIA *eifrig* Ich hatte einem der Mörder gerade die Pistole aus der Hand gerissen. Er hielt sie mir direkt an die Schläfe.

RICHTER Und was haben Sie gemacht?

SARAVAGLIA Ich hab ihn erschossen.

RICHTER Es gibt nichts Originelles mehr auf der Welt. Die gleiche Szene habe ich kürzlich im Fernsehen gesehen!

CHAUFFEUR Während ich ihn rausgeschleift habe, hat man immer noch auf uns geschossen. Ein Wunder, daß ich nicht verletzt bin.

KOMMISSARIN *dreht den Verletzten auf den Bauch und deutet auf den Rücken* Kein Wunder. Sie haben ihn als Kugelfang benutzt.

CHAUFFEUR Schluß mit dem Gerede. Entweder Sie operieren, oder ... *Er zieht eine große Pistole und richtet sie auf den Professor.*

SARAVAGLIA *kreischt* Schon wieder ich?

CHAUFFEUR Verzeihung! *Er legt auf den Richter an.*

RICHTER Tun Sie was! Wo haben Sie Ihre Dienstwaffe?!

POLIZISTIN Ich trage keine. Ich bin Zeugin Jehovas!

CHAUFFEUR Jetzt, wird's bald? Sonst werd ich nervös.

KOMMISSARIN Ganz ruhig. *Sie drückt seinen Arm hinunter,*

so daß die Mündung nun wieder auf den Professor gerichtet ist.

SARAVAGLIA Schon wieder ich?

KOMMISSARIN Ganz ruhig. Unser Vertrauensarzt ist sofort bereit. Wo haben Sie Ihr Besteck?

RICHTER Im Behandlungszimmer für die Tiere. Zu seinem Assistenten. Würdest du es bitte holen? Assistent ab. Also gut, an die Arbeit.

Der Assistent fährt ein Wägelchen herein. Alle ziehen sich Schürzen an und stülpen sich die Operationsmasken über, die sie wie kleine Hütchen vor der Stirn tragen.

RICHTER zur Kommissarin Sie sind mein Zeuge, daß ich mit vorgehaltener Waffe gezwungen werde!

KOMMISSARIN Mit Vergnügen!

RICHTER Auch den Operationstisch, bitte.

Assistenten und Polizistin schieben ein Wägelchen mit aufgerichteter Rückenlehne herein. Es ist nur etwa so lang wie ein großer auf dem Rücken liegender Hund. Der Chauffeur verschwindet irgendwann unbemerkt hinter dem Tisch, so daß er auch vom Publikum aus nicht gesehen wird.

RICHTER Als erstes geben wir ihm ein Blutgerinnungsmittel ... Pitsch! Er hält die Spritze hoch und läßt etwas rausspritzen.

SARAVAGLIA Was geben Sie mir da?

RICHTER Colazil!

SARAVAGLIA heftig Kein Colazil bitte! Das Blut gerinnt nicht, sondern klumpt nur, man kriegt Thrombose und außerdem große Placken eitrige Krätze.

KOMMISSARIN Woher wissen Sie das? Der Richter reicht ihr die Schachtel. Gag Schachtel*

* Gag Schachtel: Jedes Schächtelchen, das der Assistent dem Richter gibt, wird an die Kommissarin weitergereicht, die draufschaut und es an die Polizistin weiterreicht, die ebenfalls draufschaut, und es dann über die Schulter aus dem Fenster wirft. [Anm. d. Übers.]

SARAVAGLIA Das Mittel ist in meinem Institut getestet worden. Von mir persönlich!

RICHTER Ja, richtig. Für die Zulassung haben Sie sich vom Hersteller mit rund vierhunderttausend Schweizer Franken schmieren lassen. Also kein Colazil. *Der Assistent reicht ihm ein anderes Schächtelchen.* Hier hätten wir das gute Aclutem. Schweizer Wertarbeit.

SARAVAGLIA Ja, es kommt aus der Schweiz, aber da ist es verboten, weil es fünfundvierzig Nebenwirkungen hat. Unter anderem emphatische Hodenentzündung.

KOMMISSARIN Wie schrecklich!

RICHTER Bei uns hat es der Gesundheitsminister persönlich genehmigt. *Gag Schachtel.* Dann nehmen wir das hier.

SARAVAGLIA *wirft einen Blick drauf* Grundgütiger, nein! Das ist ein Hammer. *Gag Schachtel.*

RICHTER Craxiteles ist nicht schlecht.

SARAVAGLIA *hysterisch* Führt zu akuter Hirnfäule und fiebrigem Haarausfall! *Gag Schachtel.*

RICHTER Und Apritel?

SARAVAGLIA Ist sogar in Somalia verboten. *Gag Schachtel.*

RICHTER Das hier? *Hält dem Professor eine Schachtel vor die Nase.*

SARAVAGLIA Scheiße …

Gag Schachtel. Als das letzte Schächtelchen durchs Fenster geflogen ist, hört man von draußen eine kleine Explosion.

POLIZISTIN Was war das?

RICHTER Ich glaube, das Verfallsdatum war überschritten. Also dann kein Gerinnungsmittel.

SARAVAGLIA Ahihah! Geben Sie mir was gegen die Schmerzen!

RICHTER Wie wär's mit ein paar Vatikanstropfen?

KOMMISSARIN Aber das ist Opium fürs Volk!

RICHTER Ich nehme es immer bei Pferden. *Er zieht den Arm des Verletzten hoch, haut die Spritze hinein und läßt den Arm wieder sinken.* Das wirkt in Sekunden. Spüren Sie es?

SARAVAGLIA Ich spüre nichts.

RICHTER Sie spüren nichts?

SARAVAGLIA Ich habe auch die Spritze nicht gespürt.

RICHTER *zieht den Arm wieder in die Höhe und betrachtet ihn* Das hören wir aber gar nicht gerne.

SARAVAGLIA *schaut sich den Arm an* Das ist nicht mein Arm!

RICHTER *gebieterisch* Wem gehört dieser Arm?!

CHAUFFEUR Mir.

RICHTER Schämen Sie sich nicht, einem Sterbenden den letzten Schuß zu rauben?

CHAUFFEUR Was für ein Theater wegen einem Briefchen. Außerdem war ich rein zufällig da.

SARAVAGLIA *jammert* Ahihah! Wann fängt die Operation endlich an?

RICHTER Sofort, sofort. Es geht gleich los!

Er gibt seinem Assistenten ein Zeichen. Der zu kurze Operationstisch wird neben den Eßtisch gefahren. Der Professor wird seitlich hinübergerollt.

SARAVAGLIA Ist der Operationstisch nicht etwas zu kurz?

RICHTER Natürlich. Er ist für Hunde, höchstens mal ein Pavian.

Er hebt die Beine des Professors an, so daß seine Fußsohlen auf der Tischplatte liegen, ordnet die Knie, danach auch die Arme und Hände, so daß der Professor die Haltung eines auf dem Rücken liegenden Hundes annimmt. Stolz betrachtet er sein Werk.

RICHTER Ajeh, überall kommt das Blut raus. Würdest du mir bitte ein paar Blutkonserven bringen.

Der Assistent fährt die Hängevorrichtung mit den Infusionsflaschen herein.

SARAVAGLIA Was ist das für Blut?

RICHTER Das übliche.

SARAVAGLIA Aber das ist in achthundert von achttausend Fällen verunreinigt!

RICHTER Zehn Prozent ist kein schlechter Durchschnitt. Außerdem kann dieses Plasma hier eine besondere Wassersucht hervorrufen: die Kardinalswampe! Man schwillt an, wird immer dicker, bis man: Flopp. Zerplatzt! Alles voll mit katholischer Volkspartei.

Er tut so, als wäre er über und über bekleckert, wischt sich mit der Hand sauber und zupft sich die letzten Reste vom Ärmel.

KOMMISSARIN Owei! Dabei fällt mir was ein.

RICHTER Und zwar?

KOMMISSARIN Ihre Bekannte muß gleich zurückkommen.

RICHTER Aja! Mit dem Einkauf für das Abendessen. Na und?

KOMMISSARIN Wir müssen vorsichtig sein. Sie darf nicht merken, daß er noch lebt.

RICHTER Alice? Warum nicht?

KOMMISSARIN Je weniger Zeuginnen, desto besser. Wenn sich rumspricht, daß der Professor noch lebt, fällt er womöglich aus dem Fenster, und wir leisten ihm Gesellschaft.

RICHTER Richtig. Harte Landungen sind zu vermeiden. Aber wie?

KOMMISSARIN Wir essen und trinken, wie geplant.

RICHTER Mit dem Professor als Tischdekoration?

KOMMISSARIN Bravo! Wir verstecken ihn in diesem hübschen Eßtisch. Und während wir operieren, tun wir so, als ob wir essen.

RICHTER Oder wir tun so, als ob wir operieren, während wir essen.

Die Längsseiten des Tisches lassen sich aufklappen. Kommissarin und Richter heben den aufgeklappten Tisch hoch und stülpen ihn über den Operationstisch, so daß der Professor

nun tatsächlich im Eßtisch verschwindet. Zum Schluß brei-
ten sie eine große weiße Tischdecke aus. Nur der Kopf
schaut heraus.

POLIZISTIN Wo ist das Geschirr?
ASSISTENT Kommen Sie mit!
RICHTER Ah! Wenn ihr in der Küche seid, stellt schon mal
   das Nudelwasser auf!
POLIZISTIN Wird gemacht.

Der Richter und der Chauffeur schieben den niedrigen
Couchtisch hinter den Eßtisch. Die Kommissarin begutach-
tet das Ensemble.

KOMMISSARIN Sieht doch nett aus. *Zum Professor.* Na, wie
   geht's uns heute?
SARAVAGLIA Ähhh ...

Der Richter und der Chauffeur steigen auf den Couchtisch
und stehen nun mit dem Gesicht zum Publikum hinter dem
Eßtisch. Sie streifen sich die Operationshandschuhe über.

RICHTER *zur Kommissarin* Ziehen Sie diese Handschuhe
   an. Sie helfen beim Operieren.
KOMMISSARIN Das geht nicht. Ich kann kein Blut sehen!
RICHTER Nehmen Sie das. *Er reicht ihr eine Brille mit giftig*
   grünen Gläsern. Mit grünen Gläsern fühlen Sie sich wie
   eine Gärtnerin. Auf die Plätze. Fertig, los! Schere!
ASSISTENT Schere ...
RICHTER Als erstes schneiden wir die Tischdecke auf.
KOMMISSARIN Wie schade! Die schönen Spitzen!

Er schneidet die Tischdecke der Länge nach auf. Die Poli-
zistin und der Assistent beginnen, den Tisch zu beiden Seiten
des Professors zu decken, und rasch entsteht eine festliche
Tafel.

RICHTER Eins verstehe ich nicht. Warum mißtrauen Sie
   Alice? *Zum Assistenten.* Tampon!

ASSISTENT Tampon.

KOMMISSARIN Ihre Bekannte ist nicht das dumme Trutt-
chen, das sie spielt. Tut beschwipst, trinkt aber nur Wasser. Und dann das Falschgeld im Mülleimer.

SARAVAGLIA Was ist das?

ASSISTENT Popofax!

SARAVAGLIA UND RICHTER Kein Popofax!

*Der Richter haut dem Professor mit ausholender Geste die
Spritze in den Bauch. Der schreit und bäumt sich kurz auf.*

RICHTER Werfen Sie bitte die Makkaroni ins Wasser? Es
müßte jetzt kochen.

POLIZISTIN Mit Vergnügen.

RICHTER Tampon! Messer! Achtung! Ich schneide. *Er
schneidet mit großer Geste.*

SARAVAGLIA Ahihah!

CHAUFFEUR Gott, was ein Hieb!

SARAVAGLIA Ahihah!

RICHTER Ruhe! Wunde aufhalten! *Er beugt sich über den
Professor.* Ojeh! Alles zerfetzt. Leber, Nieren, Dickdarm
und Dünndarm, aszendent und deszendent ...

SARAVAGLIA Ahihah!

RICHTER Sogar die Eier haben was abgekriegt.

KOMMISSARIN *beugt sich über den Professor* Den können
wir wegschmeißen! Hehi! Da, seht mal! *Sie hebt ein Bündel Banknoten in die Höhe.* Neuerdings verstecken sie
das Bestechungsgeld hinter der Bauchspeicheldrüse.

RICHTER Ich brauche ein paar Ersatzteile. *Zu seinem Assistenten.* Schau nach, was wir im Kühlschrank haben.

ASSISTENT *zückt Schreibblock und Bleistift und leckt an der
Spitze* Was darf es sein?

RICHTER Schaun wir mal ... Als erstes ein paar Meter saubere Rinderdärme ...

ASSISTENT *während er die Bestellung aufnimmt* Saubere
Rinderdärme ...

RICHTER Eine Leber. Frisch von der Dogge ...

ASSISTENT Eine Doggenleber ...

RICHTER Die Schimpansenniere ...

ASSISTENT Käse, Obst, Kaffee?

RICHTER Ohehi! *Jagt ihn mit einem Aufschrei hinaus.*

SARAVAGLIA Ahihah! Ich sterbe!

KOMMISSARIN Man müßte ihn betäuben!

RICHTER Er will ja nicht. Kommt, helft mir die Löcher in den Därmen suchen. Schön hochhalten, nicht durchreißen!

Er holt einen langen Darm heraus und reicht ihn weiter. Alle drei lassen den Darm durch die Hände gleiten, wie einen Fahrradschlauch.

KOMMISSARIN Ganz schön unheimlich!

CHAUFFEUR In meiner Jugend haben wir die Schläuche immer so repariert!

SARAVAGLIA Ahihah!

RICHTER Achtung! Ich schneide. *Er schneidet an mehreren Stellen Stücke aus dem Darm. Irgendwas schießt heraus.*

POLIZISTIN Scheiße!

RICHTER Tampon, bitte. *Zu seinem Assistenten.* Du nähst den Darm wieder zusammen. *Der Assistent beginnt zu nähen.* Die zerfetzten Stücke heben wir auf, falls wir flicken müssen. *Er benutzt dazu eine flache Schale, in die er später auch die übrigen Innereien legt.* Kann mir jemand etwas zu trinken geben? *Der Chauffeur hält die Flasche hoch.* Bravo! Ein Gläschen Rotwein! *Der Chauffeur kleckert.*

SARAVAGLIA Ahihah!

RICHTER Du Idiot! Genau auf die Bauchspeicheldrüse!

CHAUFFEUR Idiot?! Sagen Sie das noch mal!

KOMMISSARIN Ruhe, Kinder, Ruhe!

SARAVAGLIA Ahihah!

KOMMISSARIN Er gibt keine Ruhe. Wir müssen was singen.

RICHTER Singen?

KOMMISSARIN Der Professor weckt das ganze Haus. Wenn wir singen, denken die Leute, wir feiern eine Fete.

RICHTER Eine gute Idee. *Zur Kulisse.* Das Keyboard, bitte!

Eine kleine elektrische Klaviatur wird hereingereicht. Die Kommissarin übernimmt und stellt auf.

RICHTER Wer begleitet uns?

KOMMISSARIN Ich habe früher bei den Trokaderos gespielt.

RICHTER Was ein Glück. Und was singen wir?

KOMMISSARIN Sobald er schreit: »Ahihah«, singt Ihr »Ahihaheh!« Und ich singe: »Wenn der helle Mond sich ründet.« Ist das ein schönes Lied?

RICHTER Wunderschön.

CHAUFFEUR Mein Lieblingslied.

POLIZISTIN Ich find's greislich. *Die Kommissarin schlägt einen Akkord an.*

RICHTER Sehr schön. *Man reicht Faschingshüte herein und Girlanden zum Umhängen. Alle kostümieren sich.* Sobald Alice hereinkommt, tun wir so, als feiern wir. Ich muß erst mal die Organe austauschen. *Zu seinem Assistenten.* Du nähst, ich schneide!

Der Richter zückt die Schere, holt die Organe heraus, hält sie hoch und legt sie zu den Därmen in die Schüssel. Der Assistent schwingt die Nadel. Die Kommissarin gibt das Einsatzzeichen.

SARAVAGLIA UND CHOR Ahihaheh!

KOMMISSARIN Das tut so weh!

CHOR UND SARAVAGLIA Ahihaheh!

KOMMISSARIN Das tut so weh!

Die Kommissarin singt, die anderen, auch der Professor, singen im Background »Ahihaheh«.

KOMMISSARIN Wenn der helle Mond sich ründet.
Sommernacht von Liebe kündet.
Tief im Auge glüht ein Glitzer.
Und die Zähne werden spitzer.

Alice kommt hereingesegelt, stark angetrunken. Das Lied bricht ab. Sie hat ein Päckchen in der Hand, das sie irgendwo abstellt.

ALICE Oh! Ihr habt ohne mich angefangen! Ich will auch so eine Narrenkappe!

POLIZISTIN Herzlich willkommen! *Sie überreicht Alice ein Hütchen und eine Blumengirlande.*

SARAVAGLIA Ahihahah!

ALLE Hurra! Hurra!

SARAVAGLIA Ahihahah!

ALLE Hurra! Hurra!

ALICE Danke, danke! Ich bin ein bißchen tipsy. In der Metzgerei wurde gefeiert, und ich mußte andauernd trinken. Warum tragt Ihr diese komischen Schürzen?

KOMMISSARIN Um uns nicht zu bekleckern. Wir dachten, es gibt gleich was zu essen.

ALICE Je, die Pajata! Habt ihr das Wasser aufgesetzt?

POLIZISTIN Alles fertig. Auch die Soße. Fehlen nur noch die Innereien.

SARAVAGLIA Ahihaha!

ALICE Wer stöhnt da so lustig?

RICHTER Niemand. Wir üben nur ein bißchen. Das Lied vom Werwolf. Sollen wir es dir vorsingen?

ALICE Ja, bitte!

KOMMISSARIN Drei, vier . . .

Fortsetzung des Liedes, wie oben.

> Grauses Jaulen, hundemäßig,
> mischt sich in den Mondenschein.
> Ach, ich bin ja so gefräßig.
> Werwolf bin ich, will ich sein.
>
> Und sie steigen aus den Grüften
> schweben jaulend in den Lüften
> stürzen auf den Wandersmann
> knabbern ihn von hinten an.

Überfallen ihn zuhauf
fressen ihn von hinten auf.

Alice tanzt während des Gesanges abwechselnd mit dem Chauffeur und dem Assistenten. Auch die anderen schwingen das Bein. Zum Schluß verschwindet Alice tanzend in die Küche, wobei sie, ganz nebenbei, die Schüssel mit den Innereien des Professors mitnimmt.

CHAUFFEUR Sehr sympathisch, Ihre Bekannte. Ist sie immer so aufgedreht?
RICHTER Meistens ist sie noch toller!

Aus dem Publikum, möglichst von einem der Ränge, hört man eine Stimme. Der Mann wird zunächst nicht beleuchtet.

STÖRER *erregt* Aufhören! Das dürfen Sie nicht. Ich verbiete Ihnen, diese Szene weiterzuspielen!
RICHTER Wer ist das?
KOMMISSARIN Da oben einer!
STÖRER Ich bin der diensthabende Polizeiinspektor.
RICHTER Ein Polizist im Theater?*
STÖRER Ja.
RICHTER Was wollen Sie?
STÖRER Ich habe hier den Bühnentext, den sie eingereicht haben. *Er hebt einen Packen Papier hoch und fuchtelt damit herum.*
RICHTER So, haben Sie.
STÖRER Die Szene, die Sie gerade spielen, entspricht nicht der vorgelegten Fassung, weder im Inhalt noch im Sinn.
RICHTER In welchem Sinn?
KOMMISSARIN Was ist das für eine Geschichte?

---

* Es ist, auch in Italien, darauf hingewiesen worden, daß es im Theater seit langem keinen Vertreter einer Zensurbehörde mehr gibt, der noch dazu in eine Aufführung eingreifen könnte. Fo spielt die Szene trotzdem. Schließlich ist es in der Realität ja auch verboten, hinter der Bühne zu kochen und auf der Bühne einen Menschen zu operieren. [Anm. d. Übers.]

STÖRER Tun Sie nicht so, als wüßten Sie nicht, was ich meine. Die Szene ist eindeutig. Der Herr, den Sie operieren, ist nichts anderes als die Allegorie des politischen Systems, das ...

RICHTER Wo ist denn da die Allegorie?

STÖRER Natürlich! Die alten politischen Kräfte liegen im Koma, die Korruptionsverfahren haben ihre Kräfte aufgebraucht, und jetzt versucht man mit allen Mitteln, sie am Leben zu halten. Mit Affennieren, Hundelebern, Rinderdärmen ...

KOMMISSARIN Wollen Sie damit sagen, wir versuchten politische Parteien wie die Christdemokraten und die Sozialisten mit Transplantationen wieder zum Leben zu erwekken?

RICHTER Seit wann ist es in diesem Land verboten, eine Allegorie aufzuführen?

STÖRER Also bitte. Es gibt einen Text, der hinterlegt wurde, und von dem sind Sie abgewichen!

KOMMISSARIN Augenblick, Augenblick, Augenblick! Die Stimme kommt mir bekannt vor. *Zum Beleuchter.* He, Lino, gib mal Licht auf den Jungen. *Scheinwerfer.* Na, bitte, das ist Rufus, der Schauspieler, der den Mafioso spielt!

POLIZISTIN *läuft zum Schrank. Er ist leer.* Tatsächlich. Er ist weg!

RICHTER Was hast du da oben zu suchen?!

STÖRER Ich wollte ein bißchen improvisieren. Mir war so langweilig in diesem Schrank!

RICHTER Du gehst bitte sofort zurück auf deinen Platz!

KOMMISSARIN Das gibt's doch nicht. Ein Schauspieler, der sich im Publikum rumtreibt!

STÖRER Ich dachte ja nur, in einem Stück von Dario Fo wird andauernd improvisiert!

RICHTER Nur die Hauptdarsteller!

KOMMISSARIN Und denk daran, du bist vorläufig tot! *Scheinwerfer aus.*

RICHTER Es geht weiter! Wo waren wir stehengeblieben?

CHAUFFEUR Als Alice rausgeht.

RICHTER Noch mal dein Stichwort bitte.

CHAUFFEUR Ist Ihre Bekannte immer so aufgedreht?

RICHTER Meistens ist sie noch toller! So, das hätten wir! *Zu seinem Assistenten.* Wir können ihn zunähen. Hier ist der Faden. Mach rasch! *Beide nähen unentwegt.*

SARAVAGLIA *wie im Traum* Bank für Landwirtschaft Mailand. Operation Mainardi. Parole »fröhlicher Landmann«. Kommandounternehmen.

KOMMISSARIN Er phantasiert.

RICHTER Nein, er meint das Attentat 1969 an der Piazza Fontana. Geben Sie bitte mal den Recorder. *Er deutet mit dem Kopf auf einen Tisch. Die Kommissarin holt das Gerät, schaltet es ein und hält dem Verletzten das Mikrofon vor die Nase.*

SARAVAGLIA Zeit-zünder-akten-tasche. Desorientierungsabteilung Rom, Anarchisten um Valpreda, Hinkebein. Oh! Ohoh! Ohohoh!!!

RICHTER Professor! Nicht schlappmachen!

SARAVAGLIA 450 Milliarden, Geheimfonds. Intercity Italikus, Kontakt P 2 ...

RICHTER Die berühmte Geheimloge. Wissen wir doch alles. Komm endlich zur Sache, Junge.

SARAVAGLIA *immer undeutlicher und stockender* Inngra ... Ambrakrau ... uh ... uh ... *Unverständliches Gebrabbel.*

KOMMISSARIN Was sagt er?

RICHTER Ausgerechnet jetzt, wo's interessant wird, schaltet er ab.

Alice kommt. Sie trägt emphatisch eine große Schüssel, aus der es dampft. Dazu Schöpflöffel, Nudelgabel und Käsereibe. Die Kommissarin spielt einen Akkord.

ALICE Makkaroni mit Pajata, wie versprochen! Al dente! *Sie teilt aus.*

CHAUFFEUR *reicht ihr den Teller* Wunderbar! Ich bin am Verhungern!

POLIZISTIN Dieser Duft! *Sie steckt die Nase in die Schüssel.*

ALICE Helft mir beim Auftun. *Zur Polizistin.* Ach, bitte, reichen Sie mir die Teller? Du auch, Felix. Die Pajata muß heiß gegessen werden, sonst schmeckt sie fad.

RICHTER Fangt schon mal an. Ich bin gleich fertig!

KOMMISSARIN Ausgezeichnet! Wie haben Sie das gemacht?

ALICE Ein Rezept aus den Abruzzen!

POLIZISTIN Die Därme vom Schaf oder vom Kalb?

ALICE Von beidem, aber sie müssen noch warm sein.

ASSISTENT Geben Sie mir noch etwas Soße. Ich bin total scharf auf Innereien.

ALICE Felice, beeil dich!

RICHTER *wischt sich die Hände an der Schürze ab und reicht seinen Teller* So, da bin ich. Kosten wir mal das Meisterwerk. Dieser Duft. *Nach der ersten Gabel.* Na, das ist was anderes als in der Gastwirtschaft in Trastevere, oder?

ALICE Kennt ihr das wahre Geheimnis dieser Pajata?

POLIZISTIN Man wäscht die Därme in Essig und blanchiert sie dann.

ALICE Mitnichten! Genau das Gegenteil. Durch den Essig und das kochende Wasser werden sie geschmacklos und verlieren den Biß. Natur muß man sie essen! Natur! Nicht wie die Amerikaner, die sogar den Gorgonzola waschen!

KOMMISSARIN Wirklich hervorragend!

CHAUFFEUR Könnte ich vielleicht noch ein Tellerchen haben?

POLIZISTIN Ich auch. Sie sind zu gut!

ALICE Natürlich! Es sind noch da. Wer hilft mir?

CHAUFFEUR Ich komme mit. *Beide ab.*

RICHTER So, aufräumen. Bring die restlichen Organe weg. Wo ist die Schüssel mit den Eingeweiden?

ASSISTENT Was für Eingeweide?

RICHTER Die Därme, die Leber und die Innereien, die wir dem Professor rausgeschnitten haben.

KOMMISSARIN Haben Sie vielleicht eine Katze?

RICHTER Nur in der Gefriertruhe.

POLIZISTIN Vielleicht hat seine Bekannte sie mit in die Küche genommen.

RICHTER Reden Sie keinen Blödsinn. Die Sachen zum Kochen hat sie beim Metzger geholt. Außerdem kenne ich den Unterschied zwischen den Innereien eines Menschen und ...

KOMMISSARIN Ach ja? Essen Sie oft Innereien von Menschen?

RICHTER Nein, aber ...

Alice kommt wieder mit der dampfenden Schüssel herein. Alle stürzen sich drauf. Die Kommissarin spielt schon mal die ersten Takte des Werwolf-Liedes und ißt zwischendurch von ihrem Teller, den Alice ihr auf das Clavichord gestellt hat.

CHAUFFEUR Mhm! Der Nachschlag schmeckt wie üblich noch besser.

ALICE Meine Pajata ist heute aber auch besonders gut!

RICHTER *während er mit vollen Backen kaut* Sag einmal, Alice? Was sind das für Därme und Innereien in der Pajata?

ALICE Dieselben wie vorher. Die ich beim Metzger gekauft habe.

RICHTER Da, bitte! Was ich gesagt habe!

KOMMISSARIN Verzeihen Sie, Sie haben nicht zufällig eine Schüssel mit Innereien gesehen, die da auf dem Tisch stand?

ALICE Aber ja! Das waren die, die ich vom Metzger geholt habe. *Sie hebt ein Päckchen hoch und ruft gutgelaunt.* O, nein, da sind sie ja noch! Ich dachte, ich hätte sie gleich in die Schüssel getan.

KOMMISSARIN Hilfe, die Innereien des berühmten Pharmazeuten!

RICHTER Sie dachte, sie hätte sie gleich in die Schüssel getan!

Musikeinsatz.

SARAVAGLIA Ahihah!

ALLE *singen und tanzen*
    Ahihaheh!
    Sie hat gedacht, sie hätte!
    Ahihaheh!
    Ich muß auf die Toilette!
    Ahihaheh!
    Makkaroni, Schweinereien.
    Nicht gekocht, kein Essigwasser.
    Voll Natur, mir ist zum Speien.
    Und ich werde immer blasser.
    Ahihaheh!
    Wenn das Abendbrot entzückt
    auf den Solar Plexus drückt,
    wird mir schlecht, ich halt's nicht aus.
    Aus den Ohren kommt's mir raus.
    Und es kotzt das ganze Haus.
    Und es kotzt das ganze Haus!

KOMMISSARIN Wir haben das marode System aufgegessen!

POLIZISTIN Mir ist speiübel!

SARAVAGLIA Mir ist auch schlecht!

ASSISTENT Ich muß kotzen!

CHAUFFEUR Wo ist das Closett?

Allgemeines Gejammer.

RICHTER Daß mir keiner ins Wohnzimmer reihert! Da lang
geht's aufs Dienstbotenclo! Ich benutze die Cheftoilette!

Alle außer Alice laufen davon.

ALICE Warum lauft ihr alle weg? Wo rennt ihr hin?

FINANZPOLIZIST Ich muß auch aufs Clo! *Schranktür auf.*

ALICE O, guten Abend! *Schranktür zu.*

SARAVAGLIA *phantasiert* Ahihah! Brescia. Attentat auf der Piazza Loggia! Sprengsatz organisiert von Kommando Drei-Spezial.

ALICE *sieht sich verwundert um und entdeckt den Professor* Was machen Sie da auf dem Eßtisch? Sind Sie ein Gast oder gehören Sie zum Essen?

SARAVAGLIA Ahihah!

ALICE *ahmt ihn fragend nach* Ahihah? *Nach draußen.* Felix! Hier ist was auf dem Eßtisch, das weint!

KOMMISSARIN *von draußen* Was ist passiert?

ALICE Da ist ein Kopf, der heult.

Alle kehren zurück. Der Richter, der Chauffeur, die Polizistin und die Kommissarin steigen auf das Tischchen und betrachten den Professor.

KOMMISSARIN Da schau her, ein Kopf.

ASSISTENT Ich glaube, der ist nur zur Dekoration.

POLIZISTIN Wer hat ihn dort hingelegt?

CHAUFFEUR Vor zwei Minuten war er noch nicht da.

RICHTER Vielleicht ist er vom Metzger. Für die Sülze.

ALICE Schluß! Hört auf mit dem Gesülze! Wenn ihr nicht sofort sagt, wer der Mann ist, schreie ich. *Sie schreit laut.*

RICHTER Sie hat recht. Wir sollten ihr die Wahrheit sagen.

KOMMISSARIN Einverstanden. Aber sie muß schwören, kein Sterbenswörtchen zu verraten. Das da, Alice, ist das letzte lebende Exemplar ...

SARAVAGLIA *erhebt sich etwas und nickt mit dem Kopf* Angenehm, Saravaglia ...

ALICE Ganz meinerseits, Alice Piersanti ...

RICHTER Der letzte der Apotheker ...

KOMMISSARIN Die vorhin Selbstmord begangen haben.

ALICE Und wie hat er das Gemetzel überlebt?

RICHTER Durch ein Wunder.

KOMMISSARIN Das eigentliche Wunder hat er vollbracht ... *Sie deutet auf den Richter.* Er hat ihn praktisch general-überholt!

CHAUFFEUR Innen ist alles neu.

RICHTER Du mußt wirklich aufpassen, Alice. Der Professor ist das lebende Archiv aller Geheimnisse der italienischen Nachkriegsgeschichte, und damit sämtlicher Staatsstreiche, Flugzeugabstürze, Eisenbahnunglücke, Selbstmorde, Rufmorde, Pleiten, Konkurse etcetera einschließlich aller italienischen Geheimdienstmachenschaftssachen.

KOMMISSARIN Wenn rauskommt, daß der arme Professor gesungen hat, machen sie uns alle alle!

ALICE Felix! Du untersuchst nicht nur die Betrügereien der pharmazeutischen Industrie, sondern auch ...

RICHTER Den spontanen Pneumothorax! Genau!

KOMMISSARIN Sie haben es begriffen, Kleines!

SARAVAGLIA Bombenanschlag auf den Hauptbahnhof Bologna, 10. August ...

ALICE Bitte, bring ihn zum Schweigen, Felix. Ich kann diese Stimme nicht hören.

RICHTER Dann geh raus. Wir müssen arbeiten. Mach den Abwasch.

ALICE Natürlich! Die Frau gehört in die Küche! *Sie nimmt einige Teller und rauscht hinaus.*

RICHTER Aber nichts mehr kochen, bitte! Auch keinen Kaffee. Die bringt's fertig und nimmt geröstetes Schweineblut. *Zur Kommissarin.* Und Sie halten die für eine ganz Gefährliche!

KOMMISSARIN Inzwischen halte ich sie mehr für eine gefährliche Gans! *Zu den anderen.* Helft mir abräumen!

Assistent und Chauffeur schieben den Tisch mit dem Professor an die Seite, so daß er nun ins Publikum schaut. Dann helfen alle beim Aufräumen. Der Richter allein. Das Telefon läutet.

RICHTER Hallo? Oh, Herr Questor! Wie geht's? . . . Danke, auch. Vielen Dank für die Leibwache! Ich bin Ihnen und dem Herrn Präfekten wirklich sehr dankbar.

STIMME DES QUESTORS *über Lautsprecher* Was für eine Leibwache?

RICHTER Die Sie mir geschickt haben. Der Transvestit unter Anführung dieser . . . Angela . . . jetzt erinnere ich mich nicht an den Nachnamen. Sie ist Kommissarin.

STIMME DES QUESTORS Hören Sie, ich habe Ihnen keine Leibwache geschickt. Ich hatte niemand mehr. Wissen Sie nicht, was los ist?

RICHTER Aber ich habe doch eine gekriegt. Es sind zwar Frauen, aber sehr tüchtig, muß ich sagen.

STIMME DES QUESTORS Hören Sie zu! Es ist etwas Furchtbares passiert. Man hat Gianni Agnelli verhaftet.

RICHTER Den Präsidenten des FIAT-Konzerns!

STIMME DES QUESTORS Sie bringen es eben im Fernsehen. Entschuldigen Sie, ich habe ein Gespräch auf der anderen Leitung. Bis gleich.

RICHTER Bis gleich. Das ist ja ein Ding!

Er behält das Telefon am Ohr und schaltet den Fernseher ein. Alle außer Alice sind zurückgekommen.

KOMMISSARIN Was ist angesagt?

RICHTER Sie haben den Präsidenten der FIAT verhaftet.

ALLE Agnelli?!

RICHTER Da hört selber. *Er schaltet den Ton lauter.*

NACHRICHTENSPRECHER . . . dabei wurde festgestellt, daß der italienische Staat dem FIAT-Konzern für seine Betriebe in Süditalien rund sechzehn Prozent der Investitionskosten erstattet hat, die der Konzern in Form von Schutzgeldern an die Mafia abgeführt haben will.

KOMMISSARIN Agnelli will Schutzgelder gezahlt haben?

Es klingelt. Der Assistent geht zur Tür und öffnet. Eine Zeitung wird hereingereicht.

ASSISTENT Ah! *Zur Kommissarin.* Eine ihrer Mitarbeiterin-
nen hat die Spätausgabe raufgebracht.

KOMMISSARIN Lassen Sie sehen. *Sie zitiert.* »Der FIAT-Konzern antwortet auf die Verhaftung seines Präsidenten mit
der Entlassung aller seiner Mitarbeiter in sämtlichen Be-
trieben!« *Sie reicht die Zeitung weiter an den Richter und
beginnt zu telefonieren.*

RICHTER Gleich darunter: »Der Industrieminister stellt den
FIAT-Konzern unter Staatsaufsicht!«

CHAUFFEUR Das bedeutet Krieg!

NACHRICHTENSPRECHER Ausgangssperre für sämtliche Streit-
kräfte. Die Polizei in erhöhter Alarmbereitschaft. Die
Nachfolgeorganisation der kommunistischen Partei, PDS,
ermahnt die Arbeiterschaft zur Ruhe und bekundet ihr
Vertrauen in die parlamentarische Demokratie.

RICHTER *ins Telefon* Ja, Herr Questor, ich bin noch dran.

NACHRICHTENSPRECHER Beide Kammern des römischen
Parlaments von Sicherheitskräften abgeriegelt. Staatspräsident Scalfaro, zur Zeit auf Staatsbesuch in Kolumbien,
ermahnt die italienischen Bürger, das Parlament zu unter-
stützen.

RICHTER *ins Telefon* Ja, die Ereignisse scheinen sich ein bißchen zu überstürzen. Wäre es möglich, daß Sie mir die
neuesten Nachrichten per Fax übermitteln? Die Nummer
haben Sie? Wenn's keine Umstände macht. Also per Fax.
Ja, danke, auf bald. *Er schaltet das Faxgerät ein.*

NACHRICHTENSPRECHER Das Allerneueste: Beide Kammern
des Parlaments sind gähnend leer. *Das Faxgerät beginnt
zu drucken.* Das Verteidigungsministerium hat den so-
malischen Rebellenführer Aidid und Saddam Hussein in
gleichlautenden Depeschen um Entsendung von Hilfs-
truppen ersucht. Ein Angebot der deutschen Antiterror-
Einheit GSG 9 wurde dagegen abgelehnt, um unnötige
Todesopfer zu vermeiden.

*Der Assistent reißt ein Blatt aus dem Faxgerät und übergibt
es dem Richter. Nach und nach werden von verschiedenen*

*Personen weitere Blätter aus dem Gerät genommen und
vom Richter oder der Kommissarin verlesen. Der Fernseher
wird ausgeschaltet.*

ASSISTENT Das erste Fax.

RICHTER Ah! Es geht wieder los. Hört zu: In Turin, Genua
und Triest hat's Sprengstoffanschläge gegeben. Der Innenminister hat erklärt: »Drei Explosionen am Tag sind
zuviel. Wir müssen zur Normalität zurückfinden. Nicht
mehr als ein Attentat pro Monat!«

KOMMISSARIN Jetzt hört euch das an: In Rom steht der Park
der Villa Giulia in Flammen. Offensichtlich Brandstiftung. Eine riesige Feuersäule steht über der Stadt. Der
Generalsekretär der Neofaschisten fordert die Auswei-
sung aller Nordafrikaner, da sie als ambulante Händler
Tausende von Feuerzeugen besitzen.

RICHTER Seid still. Der Professor ist wieder auf Sendung.

SARAVAGLIA Brandstiftung Villa Giulia ... Einsatzgruppe
Hauptmann Zurletti ...

KOMMISSARIN Der weiß wirklich alles.

SARAVAGLIA Innenministerium ... Hauptstromleitung abschalten ...

RICHTER Hört sich eher so an, als gibt er die Befehle.

SARAVAGLIA Operation Präsidentenpalast, zum Angriffffffff!
Marsch!

POLIZISTIN Was macht das Fernsehen?

Der Assistent schaltet den Fernseher wieder ein.

KOMMISSARIN Präsidentenpalast! Angriff? Ich muß sofort
die Zentrale anrufen. *Sie wählt.*

NACHRICHTENSPRECHER Wir bitten den schlechten Empfang in großen Teilen des Sendegebiets zu entschuldigen.
Offensichtlich sind mehrere Verstärkeranlagen ausgefal-
len. *Bild- und Tonsalat, black-out.*

RICHTER Umschalten, umschalten. *Überall das gleiche Bild.*

ASSISTENT Totalausfall.

CHAUFFEUR Versuch's mal auf Kanal Berlusconi. *Eine bunte Quizsendung erscheint.*

KOMMISSARIN Ah, Mike Buongiorno! Alles oder nichts! Wenn alle schweigen, bei Berlusconi wird weitergeraten! *Ins Telefon.* Hallo, hallo! Alle Leitungen tot.

RICHTER Dann sind wir auch bald dran.

Auch Mike Buongiorno verschwimmt und verschwindet.

ALICE *kommt herein, sie hält ein Radio ans Ohr* Habt ihr gehört, was passiert ist?

KOMMISSARIN Wo?

ALICE Im Radio.

RICHTER Wenigstens das Radio geht noch.

ALICE Unbekannte Truppen haben die Hochsicherheitstrakte gestürmt und die Häftlinge befreit.

KOMMISSARIN Was für Häftlinge?

ALICE Sämtliche Mafia-Bosse!

ASSISTENT *hält sich jetzt ebenfalls ein Radio ans Ohr* Stürmischer Empfang am Flughafen für die heimkehrenden Mafiosi!

RICHTER Es lebe Garibaldi!

POLIZISTIN Da, noch ein Fax.

KOMMISSARIN Cutolo, der Boß der neapolitanischen Kammorra, von Zigarettenschmugglern im Triumphzug zum Rathaus geleitet. Die Bürgermeisterwahlen sind abgeblasen. Cutolo erklärt sich selbst zum neuen Stadtoberhaupt!

RICHTER *mit neuem Fax* Ich werd verrückt! Im Präsidentenpalast ist eine Bombe explodiert. Wie es scheint, ist der Wohntrakt ein Trümmerhaufen.

CHAUFFEUR Ein Glück, daß er in Kolumbien ist.

RICHTER War! »Der italienische Staatspräsident von Drogenhändlern entführt!«

KOMMISSARIN, ALICE, CHAUFFEUR, ASSISTENT, POLIZISTIN Atschidenti! Entsetzlich! Entführt? Unerträglich! Der Obermops?

RICHTER »Der Vorfall ereignete sich während einer Kund-
gebung im Fußballstadion von Bogotà vor einer Million
Zuschauern, wo der Staatsmann auch zu den Ereignissen
in seiner Heimat gesprochen hatte. Am Ende der Veran-
staltung wurde er von begeisterten italienischen Einwan-
derern umringt.«

KOMMISSARIN *reißt ihm das Fax aus der Hand und liest weiter* »Wörtlich sagte der Staatspräsident: ›Das italienische
Volk wird es schaffen! Das fühle ich! Oder es wird untergehen, um anschließend wieder aufzuerstehen! Denn unsere Landsleute wissen, wie man aufersteht! Untergehen,
sich rezeikeln und wieder auf dem Posten sein, das ist die
Stärke des Italieners!‹«

ALICE *reißt ihr das Fax aus der Hand und liest weiter* »In
dem Augenblick wickelten die begeisterten Landsleute
den Staatspräsidenten in eine riesige Fahne. Alle applau-
dierten begeistert! Als die Fahne wieder entrollt wurde,
war der Staatspräsident verschwunden.«

KOMMISSARIN, CHAUFFEUR, ASSISTENT, POLIZISTIN, RICH-
TER Einfach weg? Gibt's doch nicht! Inner Fahne? Uner-
hört! Dolles Ding!

ALICE Jedenfalls ein hübscher Trick!

RICHTER Der kommt wieder.

POLIZISTIN *reißt ein Fax raus* Da ist er schon: »Die Narkos
fordern im Gegenzug die Freilassung der in den USA
verhafteten kolumbianischen Narko-Gangster und sind
bereit, den italienischen Staatspräsidenten bis dahin an
die sizilianische Mafia zu überstellen. Exministerpräsi-
dent Andreotti hat sich sofort nach Palermo begeben, um
die Verhandlungen zu führen. Bei seiner Ankunft wurde
er vom Polizeipräsidenten mit einem Kuß auf den Mund
empfangen.«

RICHTER, ALICE, CHAUFFEUR, ASSISTENT Das ist pervers!
War zu erwarten! Ein Ritus der Mafia! Kein Zungenkuß?

KOMMISSARIN Bitte! Jeder hat ein Recht auf Privatleben!

RICHTER *mit neuem Fax* Der Medienzar erklärt über alle
seine Sendeanstalten »Der Fortschritt ist nicht aufzuhalten!« und hat deshalb die Gründung einer eigenen Partei
angekündigt.

KOMMISSARIN Das ist ein Fortschritt. Bisher hat er sie von
der Stange gekauft.

ASSISENT Das stinkt nach Staatsstreich.

RICHTER *mit neuem Fax* Dank der etablierten Parteien.

KOMMISSARIN Sie übertreiben!

RICHTER Lesen Sie selber. Alle haben die Hosen voll.

KOMMISSARIN Die Sozialisten: »Wir werden versuchen, uns
der Situation anzupassen!« Gruppe ehemaliger Christdemokraten: »Wandel durch Anpassung.« Die Ex-Kommu-
nisten sind zur konstruktiven Anpassung bereit, haben
aber noch Vorbehalte. Die Rete, Partei der Antimafia-
Bewegung: »Wir werden uns unseren weiteren Schritten
anpassen!« Die Ligen fordern »einen eigenen Staat Nord-
italien, der sich vorbehält, sich der Situation anzupassen oder mitzustürmen ... für den AC Mailand.«

ALICE Scheiße, das Radio schweigt.

ASSISTENT Aus dem Fax kommt auch nichts mehr.

KOMMISSARIN *hebt den Telefonhörer ab* Sogar das Telefon
ist tot.

RICHTER Tja, wie geht's jetzt weiter?

SARAVAGLIA Die Spannung im Land steigt unaufhörlich.

CHAUFFEUR Einer sendet noch.

SARAVAGLIA Spezialeinheiten haben Senat und Abgeordnetenhaus abgeriegelt. Belagerungszustand, nächtliche Ausgangssperre ...

KOMMISSARIN Wenn das so ist, können wir den Professor
jetzt auch abschalten. *Sie zieht sämtliche Kanülen aus seinem Leib.*

SARAVAGLIA Die Börse und sämtliche Flughäfen werden ge-
schlossen. *Sein letztes Wort sinkt tiefer, wie ein Tonband,
das abgeschaltet wird.*

RICHTER Was machen Sie da?! Sind Sie verrückt geworden?

KOMMISSARIN Alle da rüber, an die Wand! *Sie holt eine großkalibrige Waffe aus dem Halfter.* Wie es weitergeht, weiß ich selber!

Auch die Polizistin hat auf einmal eine Pistole in der Hand, während der Assistent sich mit einer Maschinenpistole bewaffnet.

ASSISTENT Hände hoch!

Richter, Alice und der Chauffeur befolgen den Befehl.

RICHTER Was soll das bedeuten?

FINANZPOLIZIST *während die Schranktür aufgeht* Ein Überraschungsei! Nicht immer ist die Polizei, wo sie gebraucht wird, auch dabei! *Tür zu.*

RICHTER Wer war das?

KOMMISSARIN Schluß mit dem Theater. Du kannst jetzt rauskommen!

Der Finanzpolizist kommt seelenruhig heraus. Ebenfalls bewaffnet.

RICHTER Der auferstandene Finanzpolizist!

ALICE Soll das ein Scherz sein?

RICHTER Jetzt verstehe ich. Deshalb war der Questor so überrascht. Ihr seid gar keine Leibwache! Ihr gehört zu den Putschisten!

KOMMISSARIN Erraten. Militärischer Abschirmdienst.

RICHTER Ihr habt euch hier eingeschlichen, um mich abzuschirmen, ihr Bastarde.

KOMMISSARIN Man tut, was man kann.

ALICE So eine Schweinerei!

RICHTER Und ich bin drauf reingefallen!

KOMMISSARIN Nun hören Sie auf zu jammern und nehmen Sie die Arme runter. Wo sind Ihre euphorischen Hoffnungen geblieben? Haben Sie geglaubt, die italienischen Richter könnten eine friedliche Revolution veranstalten? Ein paar tausend Ermittlungsverfahren, ein paar hundert

Handschellen ... und alles ist wieder in Butter?! Das
Volk jubelt und wir schauen verängstigt zu?! Hilfe, das
Volk kommt! Ha, ha! Das hätte euch so gefallen! Nein,
mein Lieber! Ab sofort dürft ihr euch wieder mit densel-
ben Schlaumeiern und Betrügern amüsieren, die euch
schon immer regiert haben ... frisch gewaschen und ge-
bügelt, bis auf die Ganovenfressen, die euch zum Hals
raushängen!
Da sehen Sie, das Fax funktioniert wieder! *Sie reißt das
Blatt heraus und gibt es dem Richter.*

RICHTER Soll ich vorlesen?

KOMMISSARIN Bitte, keine Hemmungen.

RICHTER Der Papst ist zurückgetreten.

ALLE Unmöglich!

ALICE Ein Papst kann nicht zurücktreten!

RICHTER »>Non sum dignus‹, rief der Papst in sieben verschiedenen Sprachen und legte die Tiara zurück auf den
Sarkophag des heiligen Petrus. Auch ich bin der Korrup-
tion schuldig, in sieben verschiedenen Sprachen. Ich habe
schmutzige Finanzmanöver geduldet, einen Erzgauner
zum Erzbischof gemacht, Bestechungsgelder gezahlt und
entgegengenommen! Schuld bin ich am Tode aufrechter
Männer, und gefördert habe ich Kriminelle. ›Non sum
dignus!‹«

ALLE Er ist verrückt geworden. Das war noch nie da. Ein
schlechter Scherz! Es geschehen noch Wunder! Das Him-
melreich ist nahe!

*Das Telefon läutet, auch auf dem Fernseher ist wieder Be-
trieb.*

KOMMISSARIN *ins Telefon* Ja, bitte? Hallo? Ja, natürlich! Bis
gleich dann. *Zu den anderen.* Ich höre eben, daß der
Staatspräsident freigelassen wurde und sich gleich an die
Bevölkerung wenden will. Andreotti hat es geschafft.

*Auf dem Fernseher erscheint eine präsidiale Figur in Weih-
nachtsansprachenpose.*

RICHTER Das ist er, tatsächlich. Sie haben ihn ausgetauscht!

STAATSPRÄSIDENT Das Vorbild des Heiligen Vaters erstrahlt im Glanz von großem Mut und Ehre! Ich kann nicht anders als ihm zu folgen und meinerseits auszurufen: ›Non sum dignus!‹ Auch ich bin ein Teil jener Nomenklatur, die unser Land mit Blut befleckt und im Würgegriff hat. Ich wußte und kannte, und doch habe ich nie die Stimme erhoben, um den Verrätern des Vaterlandes Einhalt zu gebieten. Als moralischer Komplize lege ich mein Amt hiermit nieder.

RICHTER *direkt zum Fernsehbild* Sie treten zurück?

STAATSPRÄSIDENT *nickt ihm zu* Non sum dignus!

ALLE Höre ich recht? Das ist die Höhe. Mir langt's! Sag das noch mal! Bitte nicht! Ich kanns nicht fassen!

RICHTER Ihr werdet's erleben: Jetzt wendet sich alles zum Guten!

Die Kommissarin legt mit einer Geste die Maske der Kommissarin ab und ist jetzt die Schauspielerin, die diese Rolle spielen mußte. Auch der Richter verläßt seine Rolle. Die übrigen Schauspieler brauchen einen Moment, bis sie begreifen, daß etwas passiert ist. Dann geben auch sie ihre Rollen auf und beobachten teils amüsiert, teils besorgt, das Gezanke der beiden Hauptdarsteller.*

SIE Entschuldigt mich. Bis später.

ER Wo willst du hin?

SIE In die Garderobe.

ER Ist dir nicht gut?

SIE Mir geht's prima. *Ins Publikum.* Entschuldigen Sie, aber das muß jetzt sein. *Wieder zum Schauspieler.* Ich hab's dir vorher gesagt.

---

* In der ital. Fassung wird im folgenden auch damit gespielt, daß die beiden Hauptdarsteller miteinander verheiratet sind. Die Szene wird dadurch auch zum Ehekrach. Die fehlenden Sätze kann ich gerne nachliefern. [Anm. d. Übers.]

ER Aber ausgerechnet jetzt.

SIE Du willst dieses Finale spielen, mit dem ich nicht einverstanden bin.

ER Aber darüber kann man doch reden ...

SIE Darüber reden wir seit Wochen.

ER Man läuft nicht einfach weg.

SIE Wir können die Probleme hier diskutieren, wenn dir
das lieber ist.

ER Gewiß doch, hier sind wir unter uns. Es ist viel intimer.

SIE Wieso? Früher haben wir nach jeder Aufführung disku-
tiert. Jetzt will ich wenigstens meine Probleme ausspre-
chen.

ER Erst bringst du das Stück zu Ende.

SIE Nicht so, wie es ist. Ich bin zwar von Beruf Schauspielerin, aber ihr habt mich nicht gekauft. Ich bin einverstanden bis zu einem gewissen Punkt, danach nicht mehr, und
ich hab dir gesagt, ich weigere mich, das zu spielen.

ER Es sind noch drei Sätze ...

SIE Aus welchem Grund sollte ich die sprechen? Es langt
mir! Ehi! Es langt mir wirklich!

STIMME AUS DER KULISSE Vorhang! Vorhang!

SIE Nicht bevor ich ausgeredet habe ...

ER Laß ihn oben!

SIE *ins Publikum* Entschuldigen Sie. Das Stück hat eine prä-
zise Handlung. Da ist der Richter, der eine Untersuchung
durchführt, der umgebracht werden soll und so weiter.
Dann kommt der Staatsstreich, und alle geben klein bei.
Der Papst macht einen auf unwürdig und sogar der
Staatspräsident macht mit: Non sum dignus, non sum
dignus! Ich meine, da fehlt nur noch ein Fax von Gio-
vanni Agnelli, der seinen Automobilkonzern den Arbei-
tern schenkt und sich in die Berge zurückzieht. Nicht
etwa nach Cortina, sondern in eine Berghütte mit Wasser
und Brot. *Wieder zu denen auf der Bühne.* Das kann
doch nicht euer Ernst sein. Es gibt nicht die Alternative
zwischen den Richtern, den großen Saubermännern, die

die Gesellschaft reinigen, und den Bösewichtern, die ihre Macht notfalls mit Gewalt verteidigen.

ER Ich wollte eine befreiende Wirkung!

SIE Du befreist niemand, wenn du sagst, es kann so ausgehen oder so.

ER Die Zuschauer haben einen Anspruch darauf, daß man ihre Sorgen ein bißchen relativiert.

SIE Das steht dir nicht zu, du Versöhnler!! *Ins Publikum.* Entschuldigt! Ich weiß, ich bin aggressiv, aber das regt mich auf! *Wieder zu ihm.* Du willst ein befreiendes Finale? Nicht möglich! Bei dem, was in unserem Land passiert, willst du die Leute ein bißchen erleichtern, damit sie wenigstens heute gut einschlafen!? Das ist Baldrian-Theater! Die Leute sind wütend und du willst sie befreien.

ER Auf wen sind sie wütend?

SIE Sie sind wütend!

ER Auf mich?

SIE Seit zwanzig Monaten ...!

ER Auf mich sind sie wütend?

SIE Weißt du, was in den letzten zwei Jahren alles passiert ist? Der Benzinpreis erhöht, die Steuern erhöht, die Sozialleistungen gestrichen ... Wir haben zweihundert Millionen Milliarden Staatsschulden ... die erste Telekratur der Welt!

ER *deutet ins Publikum* Das wissen Sie ...

SIE Wenn man diese Schulden ...

ER Das wissen Sie ...

SIE Jetzt laß mich ausreden! Wenn man diesen Betrag umrechnet, hat jeder Italiener 33 Millionen Lire Schulden!

ER Einschließlich der Kinder.

SIE Eine hübsche Nachricht. Da werden sie heute nacht ruhig schlafen.

ER *deutet ins Publikum* Aber das wissen Sie. Sie lesen die Zeitung! In Mailand ...

SIE Vielleicht haben sie Ersparnisse ...

ER Warum sagst du das?

SIE Es war plötzlich so still im Publikum.

ER Sie langweilen sich!

SIE Gegen ein Drittel der Parlamentsabgeordneten laufen Ermittlungsverfahren ... Verstehst du?

ER Du wiederholst dich ...

SIE Ein Drittel und trotzdem sitzen sie da, beraten Gesetze, um sich zu retten und beziehen Gehälter, wie dieser Lorenzo, der zugeben mußte: »Ja, es stimmt, ich habe in einem Jahr runde vier Milliarden abgesahnt!« Vier Milliarden in einem Jahr! Das sind zwei Häuser mit 2000 Quadratmetern Wohnfläche! Einfach so nebenbei! Sitzt er dafür im Gefängnis? Nein. Auch seine Diäten laufen weiter, und wir dürfen bezahlen!

ER Ja, ja, ich weiß ...

SIE Was weißt du?! Die Leute kommen nicht ins Theater, um sich die Sorgen zu vertreiben oder sich beschwichtigen zu lassen.

ER Halt! Aufhören!

SIE Schluß mit den Affären! Schickt die ...

ER Aufhören!

SIE ... korrupten Charaktermasken in die Wüste!

ER Wen, wen ...

SIE Aber ohne Bezüge ...

ER Wen sollen sie ...

SIE ... und Pensionsansprüche!

ER Moment mal!

SIE Sofortige Neuwahlen!

ER Von wem sollen sie ...

SIE Das fordern sie!

ER Moment mal! Von wem sollen sie ...

SIE Und kein Abgeordneter ...

ER ... Neuwahlen ...

SIE ... kein Beamter ...

ER ... verlangen?

SIE Von wem?

ER Sollen sie daheim am Küchentisch von ihrer Frau verlangen ...

SIE Was soll der Quatsch?

ER ... Neuwahlen zu veranstalten?

SIE Ich versteh dich nicht! ...

ER Sie verlassen das Theater ...

SIE Ja ...

ER ... und verlangen Neuwahlen!

SIE Ja!

ER Wenn sie zu Hause sind!

SIE Ja, natürlich!

ER Von ihrer Frau?

SIE He! Als Mann hat man wohl nur die Frau, mit der man sprechen kann.

ER Nicht nur, aber ...

SIE Ich verstehe!

ER Wer sich in der Politik drauf verläßt, daß die Leute miteinander reden ...

SIE Wir haben die Frau, die Kinder, ...

ER Das Finale sollte, ...

SIE ... das Einkaufscenter, den Kindergarten ...

ER ... auch eine kathartische ...

SIE Eine was?

ER Ja, so nennt man das.

SIE Ach so?

ER Eine Befreiung ...

SIE Ein kathartisches Finale?

ER Entschuldige. Das ist mir so rausgerutscht.

SIE Nein, nein, mach ruhig ein kathartisches Finale ...

ER Den Ausdruck gebrauche ich sonst nie.

SIE In Zukunft nenne ich dich: Herr Kathartiker!

ER Bitte! Was soll das?

SIE Ich bin Frau Kathartiker.

ER Danke.

SIE Dann zeugen wir zwei hübsche Kinder-Kathartiker!

ER Es langt. Ich sagte ...

SIE Am Ende sterben wir an einem Katarrh ... »O, bella ciao, bella ciao, bella ciao, ciao, ciao!«

ER Du bist, du bist zum Steinerweichen ...

SIE Finale vivace kathartiko.

ER Ulululuhu! *Indianergeheul.*

SIE Vorhang auf zur Diarrhoe!

ER Ulululuhu!

SIE Spielst du Winnetou? Ulululuhu ...

ER Ich versuche, einen Diskurs auf die Bühne zu bringen, der ...

SIE *halblaut* Ph, kathartisch!

ER ... eine befreiende Wirkung hat, in dem er den Leuten diese paranoide Angst vor einem Staatsstreich nimmt.

SIE Liebling ...

ER Ich will nur die augenblickliche Spannung etwas abbauen. Mit den bevorstehenden Wahlen, die die Linken bestimmt nicht gewinnen werden, der wirtschaftlichen Rezession, dem nächsten Sprengstoffattentat.

SIE Liebling, ja doch ...

ER Wir müssen das ständige Gerede vom Staatsstreich, hinter dem sich ja auch bestimmte Absichten verbergen, aufs Korn nehmen.

SIE Mein kleiner Kathartiker ... Was willst du aufs Korn nehmen und abbauen? Seit dreißig Jahren haben wir den Staatsstreich über dem Bett hängen. Seit den sechziger Jahren gab es Pläne, die Abgeordneten der Linken ...

ER Nicht nur die ...

SIE Immer mußt du mich unterbrechen ... nach Sardinien zu deportieren. Die Gewerkschafter, Intellektuellen ... Erinnerst du dich?

ER Ja ...

SIE Konzentrationslager einzurichten ...

ER Natürlich erinnere ich mich! Den Staatsstreich haben sie immer geplant, abgesehen von solchen Staatsstreichen, finanziellen, wie den Coup mit den Volksaktien, die für tausend Lire verkauft wurden und inzwischen stehen sie bei fünf.

SIE Hehm, hehm ... *Sie räuspert sich und klopft sich mit der Faust auf die Bronchien.*

ER Was hast du?

SIE *mit Piepsstimme* Ich auch ...

ER Sag schon.

SIE Ich habe auch welche gekauft ...

BEIDE *muhen sich an* Muhuhu!

SIE Laß mich zum Schluß kommen. Was soll das Gerede vom Staatsstreich? *Ins Publikum.* Schauen Sie sich an, wie es am Mittelmeer aussieht: In der Türkei gibt es einen Staatsstreich nach dem anderen, die Griechen hatten jahrelang eine Militärjunta, die Spanier, die Portugiesen haben ewig gebraucht, bis sie ihre Diktatoren los waren, ganz Nordafrika ist instabil und selbst Frankreich stand kurz davor ... Die einzigen ohne auch nur eine Spur von Streichlein sind wir. Und warum? Weil wir eine progressive Linke haben? Weil wir so gute Demokraten sind? Nein. Es ist die eigene Basis, zu der man kein Vertrauen hat. Gerade die Unterstützer unserer Putschisten, die immer sagen: »Ja, das machen wir, ein starker Mann muß her!«, die ihre Fahne in den Wind hängen, die sogenannte schweigende Mehrheit, die unser Ruggero ... Komm, Ruggero, wie nennst du diese Leute?

RUGGERO *der Darsteller des Saravaglia* Klärschlamm ...

ER *richtet den Schauspieler auf* Den ganzen Satz! Aber ohne Salto mortale!

RUGGERO Der Klärschlamm, der ins Rutschen kommt und alles unter sich begräbt, wenn man es am wenigsten erwartet.

ER Genau! Das sind die Staatsbürger von heute. Das Volk, dem wir einst dienen wollten, ist ein Meer von Amöben, zu denen nicht einmal diejenigen Vertrauen haben, die in ihrem Namen den Staatsstreich geplant haben.

Still und zufrieden, gläubig bis zur Religiosität, haben sie in ihrer Klärschlammhalde gelebt, im Bauch der Christdemokraten und all der anderen korrupten Parteien, viele

Jahre lang ... blop, blop, blop, blop, blop, uns geht's gut,
die da oben sorgen schon für uns.
Doch plötzlich reißt der Wanst entzwei, bricht die
Schmiergeldrepublik zusammen.
Die Justiz macht den Weg frei zur Erneuerung!
Das Volk hat die Nase voll von den vielen Attentaten!
Aber was sehe ich da? Umzug? Die Amöben wandern?
He, wo wollt ihr hin? Wollt ihr den noch größeren Gau-
nern nachlaufen?

SIE Was soll die Frage? Weißt du nicht, wer seit dem Früh-
jahr 1994 in Italien regiert?
Eine Partei von Fernsehattrappen und bankrotten Speku-
lanten, Mussolinis Enkel auf den Schultern der Mafia und
ein Haufen rassistischer Kirchturmpolitiker, die ihr Geld
selber drucken wollen. Vom Volk gewählt und vom
Staatspräsidenten ernannt. Demokratischer geht's nicht.

ER Ich weiß. Durch Schaden wird man dumm. Das Finale
ist vorgegeben.

SIE *ins Publikum* So ist es. Deshalb widmen wir das fol-
gende Lied den kleinen Leuten von heute, die es längst
aufgegeben haben, die Bastillen der Macht zu erstürmen
...

ER Denn sie tragen die Verantwortung, für die Misere unseres Landes.

SIE *zu den Schauspielern* Kann's losgehen? Drei, vier ...

Musikeinsatz Rhythmusgruppe über Lautsprecher.

SIE *rezitiert zum Rhythmus der Musik*
		Fratelli d'Italia, italienische Brüder!
		Nein, schaut nicht hin,
		wenn man euer Land kaputt macht.
		Was geht's euch an?
		Chor: Lahaha!
		Wenn so viele ohne Arbeit sind,
		na, dann klopft ihr dumme Sprüche:
		Chor: Lahaha!

Eine Stellung findet jeder!
Wer das Gegenteil behauptet,
ist zu faul, sich was zu suchen.
Fast für sich. Nein . . .

ER *singt, unterstützt vom Chor*
Wenn einer wirklich Arbeit will
Chor: Lahaha!
jeder Herr braucht ein paar Sklaven
Chor: Lahaha!
schlecht bezahlt, nur ein Almosen
Chor: Lahaha!
null Pension und ohne Urlaub
Chor: Lahaha!
Doch bist du ein Querulante,
kleiner Wicht oder Verlierer,
ohne Job und keine Kohle,
arm vom Scheitel bis zur Sohle,
bleibst
du alle Zeit allein!
Bist
du nur ein armes Schwein!
Lebst vom Sozialamt
und säufst dich tot.
Und man weint dir keine Träne
mehr nach.
Wofür hast du nur gelebt
und warum?

SIE *rezitiert mit Rhythmusgruppe, wie oben*
Fratelli d'Italia, italienische Brüder!
Das Glück gehört den Tüchtigen!
Seit mehr als zwanzig Jahren zählen wir die Toten
Chor: Lahaha!
und wissen seit langem:
Der Staat ist ein Verbrecher!
Chor: Lahaha!
Doch ihr seid geduldig,

spekuliert an der Börse
Chor: Lahaha!,
seid betrogene Betrüger,
die fest daran glauben:
Wer klug ist, verliert nicht!
Chor: Lahaha!

ER *Gesang, wie oben*

Ja, ihr seid brav, wie Lämmer Gottes.
Stinkt ein bißchen nur nach Scheiße.
Bis ihr eines Tages feststellt,
daß die Börse euch gefoppt hat.
Das Papier für tausend Lire
ist jetzt nur noch zu gebrauchen,
um den Hintern abzuwischen!
Da erinnerst dich auch du:
Ach,
ich wählte CDU!
Jetzt
kneifst du die Nase zu,
und der Papst erteilt Ab-
solution!
In der Scheiße waten wir
schon rum!
Trotzdem ist uns niemals bang.
Warum?
Weil wir noch viel schlimmer stinken!
Drum!
Weil wir noch viel schlimmer stinken!
Drum!

Nachbemerkung

Man sollte das Stück als einen Bericht über bestimmte Vorkommnisse in Italien aufführen und nicht versuchen, es einzudeutschen. Indem man dem Stück diese Distanz beläßt, vermeidet man den Fehler, die Gefahren abzuplatten und zu verulken, die den Völkern in beiden Ländern drohen. Denn nur durch die Distanz kommt man zu der Frage, die das Stück auch für uns aktuell und bedrohlich macht: Wie weit sind Deutschland und Italien noch voneinander entfernt?

Der Autor selbst, der Regie führt und den Richter gibt, spielt das Stück als eine burleske Boulevardkomödie. Der Richter kleidet sich seriös wie ein Richter, die Kommissarin trägt einen durchaus eleganten Hosenanzug, die Polizistin würde in einer Yuppie-Bar eine gute Figur machen etc.

Die absurdesten Szenen werden mit dem gleichen, flotten Ernst gespielt wie der telefonische Bericht über die Entschärfung einer Autobombe durch einen Roboter oder die Konversation über die Zubereitung einer Pajata – gerade so, als wäre es normal, daß ein V-Mann sich in einem Buddha versteckt und mit Signalfähnchen Nachrichten übermittelt, oder daß ein Sterbender an langen Dialogen teilnimmt und auf dem Eßtisch während des Abendessens von einem Tierarzt operiert wird.

Es ereignet sich alles mit der größten Natürlichkeit. Selbst der Streit zwischen den Hauptdarstellern in der Schlußszene scheint nicht zum Stück zu gehören, so als wäre es überhaupt denkbar, daß eine Schauspielerin sich während der Aufführung weigert, ihre Rolle zu spielen.

Auch diese Szene zeigt: Jede Übertreibung wäre dem Stück abträglich. Nur flott und zügig muß es gespielt werden, und nichts darf man in die Länge ziehen.

Text, Thematik, Dramaturgie, Inszenierung der italieni-

schen Aufführung gehen davon aus, daß es sich um ein
Stück für ein großes Publikum handelt. Tatsächlich wurden
für die Tournee auch in der Provinz durchweg Säle mit 1500
bis 2000 Plätzen gemietet, die jeden Abend im freien Ver-
kauf bei Eintrittspreisen von 25,– bis 35,– Mark ausverkauft
waren.

So wird auch diesmal gefragt werden, ob Textverständnis
und Inszenierungsstil nicht geändert werden müssen, wenn
das Stück ins deutsche Theater mit seinen eigentümlichen
Traditionen und Konventionen transferiert und dort, wie
üblich, in winzigen Räumen mit 200 bis 300 Plätzen aufgeführt wird.

Ich meine nicht. Dario Fos Theaterstil ist nicht aus der
Absicht entstanden, jeden Abend in einem riesigen, ausver-
kauften Haus Erfolg zu haben. Sein Stil hat andere, mehr
theater-philosophische Hintergründe.

In Fos Welt ist alles Theater, und deshalb braucht niemand so zu tun, als spielte er (sie) Theater, was die Aufführung zu einem demokratischen Mitspieltheater macht. Das
Publikum ist in jedem Moment aktiv an der Aufführung
beteiligt. Das Stück insgesamt ist ein Dialog mit dem Publikum. Wenn die Schauspieler zueinander sprechen, dann
sind ihre Worte in Wahrheit ins Parkett gerichtet.

Deshalb können sie auch Dinge sagen, die außerhalb der
dramaturgischen Logik stehen. Wenn also die Kommissarin
und die Polizistin den erschossenen Finanzpolizisten in den
Schrank hängen, so können (und müssen) sie so tun, als
wäre er tatsächlich tot (also dem Publikum mitteilen: er ist
tot!), obwohl sie selber am Ende zugeben müssen, daß sie
Bescheid wußten. Der Dialog mit dem Publikum geht aber
weiter: Es gibt etliche Sätze – man wird sie unschwer aus-
machen –, die direkt ins Publikum gesprochen werden müssen. Ich habe sie nicht alle angegeben.

Die Schauspieler müssen auch ein Ohr dafür haben, wie
das Publikum reagiert. Gibt es zum Beispiel Lacher, so hat
der Schauspieler sein Spiel so lange auszusetzen, muß frei-

lich auch die Autorität haben zu zeigen, daß es weitergeht. Die Leine, an der die zwei Hauptdarsteller das Publikum führen, darf nicht zu kurz, aber auch nicht zu lang sein.

Sogar die Effekte, wie zum Beispiel die kleine Rauchbombe am Anfang des ersten Aktes oder die Schüsse im zweiten Akt, die immer wieder die Stereoanlage treffen und die Musik einschalten, sind weder al gusto, noch dekorativ, sondern Dialog-Elemente. Sie habe eine psychologische Funktion, schaffen Intervalle, in denen das Publikum sich deformieren und damit erleichtern kann oder führen die Absurdität der Situation vor Augen und dienen somit dem Verständnis.

Peter O. Chotjewitz

Über den Autor

DARIO FO, geboren am 24. 3. 1926 in San Giano am Lago Maggiore. 1958 gründet er zusammen mit seiner Frau Franca Rame die Theatertruppe »La compagnia Fo–Rame«, für die er als Schauspieler, Regisseur und Autor von Komödien und Liederabenden arbeitet. Nach der Mitarbeit in der Theaterkooperative »Nuova Scena« innerhalb der ARCI, einer von der PCI getragenen Kulturorganisation, gründet er 1970 in Mailand das Theaterkollektiv »La Comune«, das einige Jahre in einem festen Haus, der »Palazzina Liberty«, spielt. 1981 erhält er den C. J. Sonning-Preis der Universität Kopenhagen, 1985 den in diesem Jahr zum ersten Mal vergebenen Rainer-Werner-Fassbinder-Preis des Münchner Theaterfestivals. Nach diversen Ehrendoktorhüten wird ihm 1997 der Nobelpreis für Literatur der Königlich Schwedischen Akademie der Künste verliehen.

Werkverzeichnis der Compagnia
Franca Rame / Dario Fo

Die Werkliste folgt der Bibliografie im Anhang zum Rollenbuch von »Mamma! I sanculotti«, zweite Auflage, 1993.

Die Jahreszahlen hinter den Randziffern bezeichnen das Jahr der Entstehung, das – sofern nicht anders vermerkt – auch das Jahr der Uraufführung ist.

Die italienischen Textausgaben (Rollenbücher oder Bücher im Selbstverlag, Bücher von Fremdverlagen) führe ich auf, obwohl sie zum Vergleich mit den deutschen Textversionen nur bedingt geeignet sind. Es sind zumeist Vorproben-Fassungen, die für die Übersetzungen nur herangezogen werden, wenn keine Life-Mitschnitte vorliegen.

Etliche Texte wurden in Italien, wie in Deutschland, mehrfach verlegt. Ich zitiere jeweils nur eine Veröffentlichung. Die deutschen Aufführungsrechte (DAR) der drei Theaterverlage Henschel Schauspiel, Verlag Autorenagentur und Verlag der Autoren wurden nach dem Anschluß der DDR neu verteilt. Ich zitiere den status quo.

Als DEA wird auch die teilweise Aufführung eines Stückes bezeichnet, soweit es sich um Szenenfolgen handelt wie »Mistero buffo«.

Die Abkürzungen bedeuten:

Bas	= Basis Verlag Berlin (erloschen)
DAR	= deutsche Aufführungsrechte (Theaterverlage)
DBA	= deutsche Buchausgabe
DEA	= deutsche Erstaufführung
D. F.	= Dario Fo
DRB	= deutsches Rollenbuch (der Theaterverlage)
EVA	= Europäische Verlagsanstalt Hamburg

F.R.	=	Franca Rame
G.N.	=	Gerhard Naumann
Hen	=	Henschel Schauspiel Theaterverlag Berlin
IBA	=	italienische Buchausgabe
IRB	=	italienisches Rollenbuch (Selbstverlag des Autors)
POC	=	Peter O. Chotjewitz
Rb	=	Rotbuch Verlag Berlin (jetzt Hamburg)
R.Ch.-H.	=	Renate Chotjewitz-Häfner
UA	=	Uraufführung
Ü	=	Übersetzung
VAA	=	Verlag Autorenagentur, Frankfurt am Main (Theaterverlag)
VdA	=	Verlag der Autoren, Frankfurt am Main (Theaterverlag)
Zam	=	Verlag Giuseppe Zambon, Frankfurt am Main

1. 1952 »Poer nano ed altre storie«[1]
   IBA: Verlag Ottaviano, Mailand 1976.

2. 1953 »Il dito nell'occhio«
   IBA: Verlag Bertani Editore, Verona, nach 1976.

3. 1954 »Sani da legare«
   IBA: wie Randziffer 2.

4. 1957 Bearbeitung eines Stückes von G. Feydeau durch Franca Rame für das Theater Arlecchino Rom. Ital. Titel: »Non andartene in giro tutta nuda«.

5. 1957 »Ladri manichini e donne nude« =
   »Diebe, Damen, Marionetten«

---

1 Um Mißverständnisse zu vermeiden, werden die nicht ins Deutsche übertragenen Titel nur im Original zitiert.

IBA: Verlag Einaudi, »Le commedie di Dario Fo«, Band VI, Gli struzzi 289, Turin 1984.

DBA: VdA 1987.

Das Stück enthält die vier Einakter:

a) »L'uomo nudo e l'uomo in frac« =
   »Der Nackte und der Mann im Frack«
   Ü: POC. DAR: Hen. DEA: Deutsches Schauspielhaus Hamburg 1978.

b) »Non tutti i ladri vengono per nuocere« =
   »Der Dieb der nicht zu Schaden kam«
   Ü: POC. DAR: Hen. DEA: Städtische Bühnen Freiburg 1978.

c) »Gli imbianchini non hanno ricordi« =
   »Anstreicher sind vergeßlich«
   Ü: POC. DAR: Hen. DEA: Freilichtbühne Mannheim 1983.

d) »I cadaveri si spediscono e le donne si spogliano« =
   »Leichen verschickt man und Frauen ziehen sich aus«
   Ü: R. Ch.-H. DAR: Hen. DEA: Jura Soyfer Theater Wien 1989.

6. 1958 »Comica finale«
   Ü: R. Ch.-H. in Vorbereitung. DAR: Hen.
   DEA: frei.
   Das Stück enthält vier Einakter:
   a) »La Marcolfa«
   b) »Un morto da vendere«
   c) »I tre bravi«
      IBA: wie Randziffer 5.
   d) »Quando sarai povero sarai rè«. Der Text ist auf einer Schallplatte überliefert.

7. 1959 »Gli arcangeli non giocano a flipper« =
   »Erzengel flippern nicht«
   IBA: Verlag Einaudi, »Le commedie di Dario Fo«, Band I, Gli struzzi 54, Turin 1982.

DRB: Hen.
Ü: POC. DAR: Hen. DEA: Sommerbühne Watten-
scheid 1980 (ungesichert).

8. 1960 »Aveva due pistole con gli occhi bianchi e neri« =
**»Er hatte zwei Pistolen und seine Augen waren
schwarz und weiß«**
IBA: wie Randziffer 7.
DBA: Rb 1987.
Ü: POC. DAR: Hen. DEA: Titisee-Neustadt 1987.
Tournee Konzertdirektion Landgraf.

9. 1961 »Storia vera di Piero d'Angera, che alla crociata
non c'era« (nicht aufgeführt)
IBA: Verlag Edizioni F. R. La Comune, Mailand 1981.

10. 1961 »Chi ruba un piede è fortunato in amore« =
»Wer einen Fuß stiehlt, hat Glück in der Liebe«
IBA: wie Randziffer 7.
DBA: VdA 1985.
Ü: POC. DAR: Hen. DEA: Städtische Bühnen Münster
1986.

11. 1963 »Isabella, tre caravelle e un cacciaballe« =
»Isabella, drei Karavellen und ein Scharlatan«
IBA: Verlag Einaudi, »Le commedie di Dario Fo«,
Band II, Gli struzzi 55, Turin 1966.
DBA: Rb 1986.
Ü: POC. DAR: VAA. DEA: Bühnen der Landeshaupt-
stadt Kiel 1979.

12. 1964 »Settimo: Ruba un po' meno« =
»Siebtens: Stiehl ein bißchen weniger«
IBA: wie Randziffer 11.
DRB: Hen.
Ü: G. N. DAR: Hen. DEA: Volksbühne Berlin (DDR)
1968.

13. 1965 »La colpa è sempre del diavolo«
IBA: wie Randziffer 11.

14. 1966 »Ci ragiono e canto« (szenische Aufführung von italienischen Volks- und Arbeiterliedern, auch auf Schallplatte / Tonband erhältlich)
    IBA: Verlag Einaudi, »Le commedie di Dario Fo«, Band V, Gli struzzi 131, Turin 1974.

15. 1967 »La fine del mondo«
    UA: Antwerpen, 1983. In Italien nicht aufgeführt.
    DAR: VdA.

16. 1967 »La signora è da buttare«[2] =
    »Die Frau zum Wegschmeißen«
    IBA: Verlag Einaudi, »Le commedie di Dario Fo«, Band VII, Gli struzzi 330, Turin 1988.
    DBA: Hen. 1980.
    Ü: G. N. DAR: Hen. DEA: Theater Halle 1978.

17. 1968 »Grande pantomima con pupazzi piccoli e medi«
    IBA: Verlag Einaudi, »Le commedie di Dario Fo«, Band III, Gli struzzi 78, Turin 1975.

18. 1969 »Mistero buffo« =
    »Mistero buffo« (Szenenfolge)
    IBA: wie Randziffer 14.
    DBA: VdA 1992.
    Ü: POC. DAR: VdA. DEA: Freies Burgtheater Bremen 1984.

19. 1969 »Ci ragiono e canto Nr. 2« (vgl. Randziffer 14)
    IBA: Verlag Bertani Editore, Verona 1969.[3]

20. 1969 »L'operaio conosce 300 parole, il padrone 1000: per questo lui è il padrone« =
    »Der Arbeiter kennt 300 Wörter, der Herr 1000: Deshalb ist er der Herr«
    IBA: wie Randziffer 17.
    Ü: interlinear Giorgio Baratta, R. Ch.-H., POC. DAR: VAA.

---

2 Es gibt, meiner Erinnerung nach, auch eine erweiterte Fassung, die von Fo jedoch nicht ins Werkverzeichnis aufgenommen wurde.

3 Modifizierte Fassung der Ausgabe des Verlags Einaudi (Randziffer 14).

21. 1969 »Lega mi pure, che tanto spacco tutto lo stesso«
    IBA: wie Randziffer 17.
    Das Stück besteht aus zwei Szenen:
    a) »Il telaio«[4]
       »Der Webstuhl«
       Ü: interlinear Giorgio Baratta, R. Ch.-H, POC.
         DAR: VAA.
    b) »Il funerale del padrone«

22. 1970 »Vorrei morire anche stasera se dovessi sapere che
    non è servito a niente«
    IBA: Verlag Einaudi, »Le commedie di Dario Fo«,
      Band IV, Gli struzzi 125, Turin 1977.

23. 1970 »Morte accidentale di un anarchico« =
    »Zufälliger Tod eines Anarchisten«
    IBA: wie Randziffer 16.
    DBA: Rb 1978.
    Ü: POC. DAR: VdA. DEA: Nationaltheater Mannheim
    1978.

24. 1971 »Morte e resurrezione di un pupazzo«
    IBA: Verlag La Comune, Testi teatrali, Varese 1971.

25. 1971 »Tutti uniti, tutti insieme . . . Ma scusa, quello non
    è il padrone?« =
    **»Einer für alle, alle für einen . . . Verzeihung, wer ist
    hier eigentlich der Boß?«**
    IBA: wie Randziffer 22.
    DRB: VdA.
    Ü: POC. DAR: VdA. DEA: Württembergisches Staats-
    theater Stuttgart 1977.

26. 1971 »Mistero buffo Nr. 2«[5]

27. 1971 UA: 1972 »Fedayn«
    IBA: wie Randziffer 25.

---

4 Wie Fußnote 2.
5 Neu sind die – nicht übersetzbaren – Grammelot-Stücke: Pantomimen, die
  lautsprachlich ergänzt werden.

28. 1972 »Ordine per Dio.000.000!!!«
    IBA: Verlag Bertani Editore, Verona 1972.

29. 1972 »Pum, Pum! Chi è? La polizia!«
    IBA: Verlag Bertani Editore, Verona 1974.

30. 1973 »Ci Ragiono e canto Nr. 3« (Szenen für Bänkel-
    sänger)
    IBA: Verlag Bertani Editore, Verona 1973.

31. 1973 »Basta con i fascisti«
    IRB: Selbstverlag 1973.

32. 1973 »Guerra del popolo in Cile«
    IBA: Verlag Bertani Editore, Verona 1973.

33. 1974 »Porta e Belli«
    IRB: Selbstverlag 1974.

34. 1974 »Ballate e Canzoni« =
    »Lieder und Balladen«[6]
    IBA: Verlag Bertani Editore, Verona 1974.
    DBA: (teilweise) Verlag Giuseppe Zambon, Frankfurt/
    Main 1984.

35. 1974 »Non si paga, non si paga!« =
    »Bezahlt wird nicht«
    IBA: Verlag Bertani Editore, Verona 1974.
    DBA: Rb 1990.
    Ü: POC. DAR: VdA. DEA: Städtische Bühnen Frank-
    furt/Main 1976.

36. 1975 »Il Fanfani rapito«
    IBA: Verlag Bertani Editore, Verona 1975.

37. 1975 »La giullarata«
    IBA: Verlag Bertani Editore, Verona 1976.

38. 1976 »La marijuana della mamma è la più bella« =
    »Mama hat den besten Shit«
    IBA: Verlag Bertani Editore, Verona 1976.

---

6 Eine Anthologie von Liedern aus diversen Stücken 1954–74.

DBA: Rb 1982.
Ü: POC. DAR: VdA. DEA: Hessisches Staatstheater Wiesbaden 1978.

39. 1977 »Tutta casa letto e chiesa« =
»Nur Kinder Küche Kirche« (Szenenfolge)
Autoren: F. R. + D. F.
IBA: Verlag Einaudi, »Le commedie di Dario Fo«, Band VIII, Gli struzzi 356, Turin 1989 (vgl. Randziffer 61).
DBA: Rb 1989.
Ü: R. Ch.-H. DAR: VAA. DEA: Städtische Bühnen Frankfurt/Main 1979.

40. 1977 »Mistero buffo Nr. 3«

41. 1978 »Il caso moro«
Vorarbeit zu Randziffer 43. Nicht aufgeführt.

42. 1979 »Storia della tigre ed altre storie« =
»Geschichte einer Tigerin und andere Geschichten« (Szenenfolge)
IBA: Verlag Edizioni F. R. La Comune, Mailand 1980.
DBA: Bas. 1980, vergr. Neuauflage geplant bei EVA.
Ü: R. Ch.-H. DAR: VAA. DEA: Tiger-Theater Berlin 1982.

43. 1979 »Clacson, trombette e pernacchi« =
»Hohn der Angst«
IBA: Verlag Edizioni F. R. La Comune, Mailand 1981.
DBA: Rb 1981.
Ü: POC. DAR: VAA. DEA: Schauspielhaus Bochum 1981.

44. 1981 »Tutta casa letto e chiesa – nuova edizione« =
»Nur Kinder Küche Kirche« (erweiterte Fassung)
Autoren: F. R. + D. F.
IBA: wie Randziffer 39, 61.
DBA: wie Randziffer 39.
Ü: R. Ch.-H. DAR: VAA. DEA: wie Randziffer 39.

45. 1981 »L'opera dello sghignazzo« =
»Die Oper vom großen Hohngelächter«
nach der »Bettler-Oper« von John Gay
Musik: Susanne Hinkelbein
IBA: Verlag Edizioni F. R. La Comune, Mailand 1982.
DBA: Verlag Giuseppe Zambon, Frankfurt/Main 1985.
Ü: POC. DAR: VAA. DEA: Landestheater Tübingen
1983.

46. 1982 »Fabulazzo osceno« =
»Obszöne Fabeln« (Szenenfolge)
IBA: Verlag Edizioni F. R. La Comune, Mailand 1982.
DBA: siehe Randziffer 18.
Ü: POC. DAR: VdA. DEA: Landestheater Tübingen
1986.

47. 1982 »Una madre« =
»Eine Mutter«[7]
IBA: wie Randziffer 39.
DBA: Rb 1990 (zus. mit Randziffer 48 bzw. 55a und
»Die Vergewaltigung«).
Ü: R. Ch.-H. DAR: VAA. DEA: frei.

48. 1983 »Coppia aperta« =
»Offene Zweierbeziehung«
Autoren: F. R. + D. F.
IBA: Verlag Einaudi, »Le commedie di Dario Fo«,
Band IX, Gli struzzi 398, Turin 1991.[8]
DBA: wie Randziffer 47.

Ü: R. Ch.-H. DAR: VAA. DEA: Staatstheater Kassel
1984, Junges Theater Göttingen 1984, Stadttheater
Gießen 1984.

---

7 Kurze Szene. Etwa in der Länge wie die Monologe, die unter der Sammel-
bezeichnung »Nur Kinder Küche Kirche« laufen.
8 Der Band enthält außer »Coppia aperta« und dem in Randziffer 55b ge-
nannten Stück »Una giornata qualunque« dreizehn Fernsehsketche. Einer
davon, mit dem Titel »Vergewaltigungswettervorhersage« in der Ü: POC,
liegt als Typoskript beim VdA vor.

49. 1984 »Quasi per caso una donna: Elisabetta« =
    »Zufällig eine Frau: Elisabeth«
    IRB: Selbstverlag 1984.
    DBA: wie Randziffer 11.
    Ü: R. Ch.-H. und POC. DAR: VdA. DEA: Staatsthea-
    ter Kassel 1985.

50. 1984 »Dio li fa, poi li accoppa« (nicht aufgeführt)
    IRB: 1984. DAR: VdA.

51. 1985 »Hellequin. Harlekin. Arlecchino« =
    »Harlekin«
    ital. Text in: »Cacao – Alcatraz-News« Nr. 1, hrsg. von
    Jacopo Fo, S. Cristina di Gubbio 1985.
    Ü: interlinear R. Ch.-H. und POC. DAR: VAA. DEA:
    frei.

52. 1985 »Diario di Eva« =
    »Evas Tagebuch« (nach Mark Twain)[9]
    IBA: wie Randziffer 39.
    DRB: VAA 1992.
    Ü: POC. DAR: VAA. DEA: Theater in der Tonne
    Reutlingen 1993.

53. 1985 »La fine del mondo II« (nicht aufgeführt)
    IBA: Verlag Il girasole Edizioni, Valverde (Catania)
    1990.
    DAR: VdA.

54. 1986 »Il ratto della Francesca« =
    »Der Raub der Francesca«
    IRB: Selbstverlag 1986.
    DRB: VAA.
    Ü: R. Ch.-H. DAR: VAA. DEA: Fo-Theater Wien 1989.

55. 1986 »Parti femminili«
    Autoren: F. R. + D. F.
    Das Stück besteht aus zwei Teilen:

9 Vgl. Fußnote 7.

a) »Coppia aperta« =
   »Offene Zweierbeziehung«
   IBA: wie Randziffer 48.
   DBA: wie Randziffer 47.
   Ü: R. Ch.-H. DAR: VAA. DEA: Staatstheater Kassel
   1984, Junges Theater Göttingen 1984, Stadttheater
   Gießen 1984.

b) »Una giornata qualunque« =
   »Ein Tag wie jeder andere«
   Autoren: F. R. + D. F.
   IBA: wie Randziffer 48.
   DBA: EVA 1993 (zus. mit Randziffer 63).
   Ü: R. Ch.-H. DAR: VAA. DEA: Sandkorn-Theater
   Karlsruhe 1987.

56. 1987 »La parte del leone«
    (Festival der »Unità Bologna)

57. 1989 »Lettera dalla Cina«[10]
    IBA: wie Randziffer 48.

58. 1989 »Storia di Qu« (nicht aufgeführt)

59. 1989 »Il ricercato« (nicht aufgeführt)

60. 1989 »Il papa e la strega« =
    »Der Papst und die Hexe«
    IBA: Verlag Einaudi, »Le commedie di Dario Fo«,
    Band X, Turin 1994.
    DBA: VdA: 1990.
    Ü: R. Ch.-H. DAR: VdA. DEA: Grips-Theater Berlin
    1992.

61. 1989 »25 monologhi per una donna«
    Autoren: F. R. + D. F.
    IBA: wie Randziffer 39. Enthält vorwiegend die szeni-
    schen Monologe, die für Franca Rame geschrieben
    wurden.

---

10 Vgl. Fußnote 7.

DBA: Die meisten Szenen sind in der Ausgabe des Rot-
buch Verlages »Nur Kinder Küche Kirche« 1989 ent-
halten.

»Die Vergewaltigung« und »Eine Mutter« findet man in
Rb 1990 (siehe Randziffern 47, 48).

62. 1990 »Zitti! Stiamo precipitando!« =
»Ruhe! Wir stürzen ab«
IRB: Selbstverlag 1990.
DBA: Rb 1992.
Ü: POC. DAR: Hen. DEA: Volkstheater Rostock 1993.

63. 1991 »Parliamo di donne«
Autoren: F. R. + D. F.
IBA: Kaos Edizioni, Milano 1992.
DBA: siehe Randziffer 55 b.
Ü: R. Ch.-H. DAR: VAA.
Das Stück enthält die zwei Einakter:
a) »L'eroina« (»Mater toxicorum«) =
»Die Heroine«
DEA: JAK – Jugendtheater für Hamburg auf Kamp-
nagel 1994.
b) »Grassa è bello« =
»Die Dicke«.
DEA: frei.

64. 1991 »Joan Padan a la descoverta de le Americhe« =
»Johann vom Po entdeckt Amerika«
IBA: Verlag Giunti Gruppo Editoriale, Firenze 1992.
DBA: VdA 1992.
Ü: POC. DAR: VdA. DEA: Maxim Gorki Theater Ber-
lin 1992.

65. 1992 »Settimo: Ruba un po' meno Nr. 2«
Autoren: F. R. + D. F.

66. 1993 »Dario Fo incontra Ruzzante«

67. 1993 »Mamma! I sanculotti!« =
»Hilfe, das Volk kommt!«

IRB: Selbstverlag 1993.
DBA: VdA 1994.
Ü: POC. DAR: VdA. DEA: Theater am Goetheplatz
Bremen 1994.

68. 1994 »Sesso? Grazie tanto per gradire« =
»Sex? Aber mit Vergnügen!«
Autoren: F. R. + D. F.
IRB: Selbstverlag 1994/97.
DBA: Rb i. V. (1998).
Ü: R. Ch.-H. DAR: VAA. DEA: Meininger Theater
1997.

69. 1997 »Il diavolo con le zinne«, hrsg. von Franca Rame.
IBA: Verlag Einaudi, Turin 1998.
DAR: Hen.

70. 1998 »Marino libero! Marino è innocente!«, hrsg. von
Franca Rame.
IBA: Verlag Einaudi, Turin 1998.

Alle Angaben ohne Gewähr.

Peter O. Chotjewitz

Inhalt